AF309572

Contes

ET

Historiettes Morales

PAR MM.

A. PIERRE
Inspecteur d'Académie.

A. MINET
Inspecteur primaire.

ET

Mlle ALINE MARTIN
Agrégée des lettres.

PARIS

LIBRAIRIE CLASSIQUE FERNAND NATHAN

18, RUE DE CONDÉ, 18

1895

I

Nos petites maisons, au village, ne ressemblent guère à celles des villes. Les étages ne s'y entassent pas les uns sur les autres, et, quand on ouvre sa fenêtre, on ne songe pas à se défendre des regards indiscrets par des jalousies ou de doubles rideaux. La place n'y coûte pas cher, et les curieux n'y sont pas malveillants.

L'habitation entière se compose ordinairement d'une ou deux vastes pièces qui donnent de plain pied sur la rue, et les ouvertures ne sont protégées contre la poussière et le soleil que par un espalier, une treille, des plantes grimpantes ou quelques pots de fleurs.

Souvent aussi, un banc de bois ou de pierre est adossé à la muraille ; l'ami qui passe peut s'y asseoir, et pendant la belle saison, quand la fenêtre est ouverte, causer commodément avec les hôtes du logis, sans forcer ceux-ci à suspendre leur travail.

Telle est la demeure de mon voisin Leblanc, le sculpteur. Presque chaque jour, en revenant des champs, je m'y arrête et je prends plaisir à bavarder quelques minutes,

Presque chaque jour, en revenant des champs, je m'y arrête.

soit avec lui, soit avec sa femme ou ses enfants.

C'est une famille charmante. Leblanc est travailleur, économe, sage et bon ; la mère, active et douce, se dévoue au bonheur des siens, et ses leçons, comme son exemple, ont déjà fait de sa fille aînée Blanche une aimable enfant, docile et affectueuse.

Quant à M. Mimi, le dernier-né, le gros bébé joufflu, il est sans conteste l'empereur et roi du logis. Mais si chacun s'empresse à satisfaire ses désirs, personne ne semble souffrir de sa tyrannie, car on n'entend jamais ni plaintes, ni menaces, ni cris par la fenêtre ouverte. Ce sont toujours, au contraire, de douces caresses, de bonnes paroles ou de francs éclats de rire.

Heureux qui de son espérance
N'étend pas l'horizon trop loin,
Et, satisfait d'un peu d'aisance
Possède à l'ombre un petit coin.

(Lebrun)

Exercice écrit. — **1.** Décrivez une maison de village : aspect extérieur, distribution, ouvertures? — **2.** A quoi sert le banc qui se trouve devant? — **3.** Quelles étaient les qualités de Leblanc, le sculpteur? de sa femme? de sa fille? — **4.** Faites le portrait de Mimi le dernier-né?— **5.** Qu'est-ce qui prouve qu'on était heureux dans cette famille?

II

Un dimanche d'été, des rires plus joyeux encore que de coutume m'attirèrent à la fenêtre. J'approchai, sans que personne prît garde à moi.

M. Mimi occupait pour le moment l'attention de toute la famille : il essayait ses premiers pas. Agenouillée derrière lui, sa mère lui faisait de ses deux bras une barrière pour le protéger et lui faciliter ses efforts.

Au milieu de la salle, Blanche, accroupie sur ses talons, lui tendait les mains en l'encourageant d'appels pressants : « Viens,

Enfin Blanche se rapproche un peu, et il se décide à partir.

viens donc ! Mimi ! gros paresseux ! allons vite ! hop ! »

Le père, assis dans un coin, tenait son journal comme s'il lisait ; mais au tremblement de sa main et au sourire qui courait sous sa moustache, on voyait bien que sa lecture ne l'occupait guère.

Bébé riait, égratignait le sol de son pied mignon et remuait impatiemment, mais sans oser quitter les bras maternels.

Enfin, Blanche se rapproche un peu, et il se décide à partir. Tout chancelant et timide, avec un balancement maladroit et gracieux de son petit corps, il hasarde un pas, puis un autre, lentement et le regard attaché sur les yeux de sa sœur. A mi-chemin il s'arrête, retourne sa tête bouclée vers sa mère qui l'admire, silencieuse et ravie, et brusquement il repart avec un cri de bonheur et se précipite sur la fillette en éclatant de rire.

Ce fut un enthousiasme indescriptible. Blanche frappait des mains, et baisait sans se lasser les joues de l'enfant. Le père avait laissé tomber son journal, et son regard caressait tour à tour la mère émue et le bébé triomphant.

« Bravo ! criai-je à mon tour. Voilà un joyeux bambin et qui s'entend sans le savoir à vous rendre joyeux aussi. Puisse-t-il apprendre plus tard à se montrer volontairement reconnaissant du bonheur qu'il recevra de vous ! »

Enfants rieurs, enfants jaseurs
Bébés mutins à blonde tête
Petits frères, petites sœurs
Vous mettez tous les cœurs en fête
Enfants rieurs, enfants charmeurs

Exercice écrit. — **1.** Comment la mère et la sœur de Mimi l'aident-elles à essayer ses premiers pas ? — **2.** A quoi s'occupe son père ? — **3.** Par quels gestes l'enfant témoigne-t-il son désir de marcher ? — **4.** Quelle circonstance le décide à partir ? Comment s'y prend-il ? — **5.** Comment chacun témoigne-t-il sa joie du succès de Mimi ? — **6.** Quelle réflexion fait le voisin ?

III

Le samedi suivant, ce fut une autre scène : un gros malheur avait frappé mes amis. Le croup s'était abattu sur le pauvre Mimi et le serrait à la gorge avec tant de violence, que le médecin avait déclaré une opération nécessaire.

On m'appela pour y assister. Quelle tristesse dans la maison ordinairement si joyeuse ! Afin de ne pas exposer Blanche à la contagion, on l'avait envoyée chez une tante, et son absence faisait un grand vide, déjà presque semblable à un deuil.

Le père, pâle, bouleversé, suivait des yeux avec une affreuse anxiété le médecin qui achevait ses préparatifs. La mère paraissait changée en statue de la douleur ; elle n'avait pas quitté Mimi depuis trois jours que le mal durait ; elle ne sentait pas la fatigue qui l'accablait, elle ne parlait pas, ne pleurait pas, mais elle contemplait son fils d'un regard fixe et désespéré.

Dans le berceau le pauvre petit râlait,

blême, insensible à tout, les paupières lourdes, les traits contractés, et ce râle rauque, effrayant, ressemblait à un aboiement sourd.

L'opération commença ; nous maintenions l'enfant, moi par la tête, le père par les pieds, pour assurer une immobilité complète.

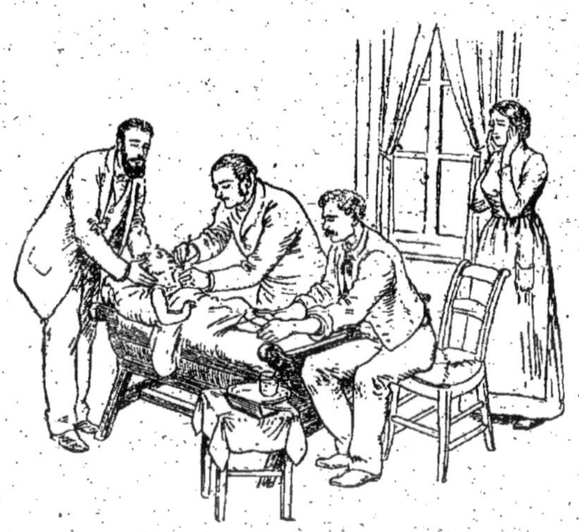

Un silence écrasant régnait.

Le médecin dégagea le cou, et prudemment, mais d'une main ferme, pratiqua une large incision ; puis il introduisit dans l'ouverture un petit tube en argent qu'il recouvrit aussitôt d'une légère mousseline. Un silence écrasant régnait.

« Nous le sauverons, » dit le docteur en achevant le pansement. Déjà, en effet, Mimi revenait à la vie ; sa poitrine, où l'air pénétrait, se soulevait doucement ; sa figure n'offrait plus la navrante expression de souffrance qui tout à l'heure nous glaçait d'effroi.

Debout près du berceau, le père se mit à pleurer à grosses larmes ; quant à la mère, elle ne put résister à tant d'émotions et s'évanouit. Lorsqu'elle revint à elle, ce fut pour éclater en sanglots. « Ah! j'aimerais mieux mourir cent fois, dit-elle, que de passer encore par de pareilles angoisses. »

Je m'éloignai tout ému.

Comment les enfants pourront-ils jamais dédommager leurs parents des souffrances que ceux-ci endurent à cause d'eux ?

L'enfant gît tout blême en son petit lit
La mère à genoux sanglote et gémit.
Il sourit : la mort a lâché sa proie,
La maison en deuil renaît à la joie.

Exercice écrit. — **1.** Quel malheur est arrivé à la famille Leblanc ? — **2.** Pourquoi a-t-on envoyé Blanche chez sa tante ? — **3.** Dans quel état se trouve le pauvre petit ? — **4.** Qu'a fait sa mère depuis qu'il est malade ? — **5.** Qui aida le médecin au moment de l'opération ? — **6.** Quel en fut le résultat ? — **7.** Quand l'enfant est hors de danger, que se passe-t-il ? — **8.** Que doivent penser et faire les enfants, dont les parents endurent pour eux et par eux tant de souffrances ?

IV

Un autre jour, en m'approchant de la fenêtre, je trouvai le mari et la femme debout en
face l'un de l'autre, graves et préoccupés.

« Voisin, dit celle-ci, donnez-nous un
conseil. Une dame du bourg de Laneu-
ville, qui se trou-
ve, comme vous
savez, à vingt ki-
lomètres d'ici, de-
mande à mon mari
de réparer le tom-
beau de sa mère ;
elle lui paiera ce
travail 100 francs,
plus la nourriture
et le logement à
l'auberge jusqu'à ce
qu'il ait fini.

Voisin, donnez-nous un conseil.

— Il me semble, répondis-je, que c'est
une besogne avantageuse et qu'il faut l'accepter.

— C'est vrai, reprit-elle, mais regardez
comme il est fatigué ! J'étais si contente que
le travail chômât un peu pour lui permettre
de se reposer. Je le connais ; il se surmènera
là-bas pour revenir plus vite ; et comme son
absence durera, malgré tout, dix ou douze

jours, il sera longtemps mal nourri et mal soigné !

— Et puis, dit le sculpteur, je voulais profiter de mon loisir pour fendre notre bois et m'occuper de notre vendange. Si je pars, ma femme aura double souci, double travail, et la besogne d'un homme est au-dessus de ses forces.

— Sans compter, ajouta-t-elle le cœur gros, que le temps nous dure lorsque nous sommes loin l'un de l'autre ; et quand le père ne se délasse pas en cajolant ses enfants, le courage lui manque et l'appétit aussi !

— Alors, mes amis, restez ensemble et refusez ce qu'on vous propose ! »

— C'est que d'un autre côté, reprit le mari, 100 francs feraient bien notre affaire ! Mimi est si gros qu'il se trouve à l'étroit dans son petit berceau, et nous pourrions lui acheter un lit de fer où il prendrait ses aises. Ma pauvre Blanche aussi aurait une armoire pour ranger ses affaires. Faute de place, il faut qu'elle les mette un peu dans tous les coins ; serait-elle fière et heureuse d'avoir pour elle toute seule un meuble bien commode ! Tiens, femme, conclut-il fermement, je vais écrire que j'accepte. Nous aurons du mal et de l'ennui tous les deux ; mais Blanche et Mimi s'en trouveront mieux.

— Bravo, mes amis, leur dis-je ; j'espère que

votre exemple rendra vos enfants bons et
braves comme vous, et ce sera la récompense de votre dévouement et de votre tendresse. »

— Ma mère sois bénie entre toutes les femmes.

(Coppée)

Exercice écrit. — **1.** Quel travail est proposé au
sculpteur? — **2.** Pourquoi le voisin lui conseille-t-il
d'accepter? — **3.** Pourquoi sa femme n'est-elle pas de
cet avis? — **4.** Pourquoi Leblanc lui-même hésite-t-il?
— **5.** Qu'est-ce qui le décide enfin? — **6.** Que devraient
dire les enfants si on les consultait dans des cas semblables? — **7.** Quelle récompense le voisin souhaite-t-il
à Leblanc et à sa femme?

V

Blanche a son armoire et me la montre
avec orgueil. « Regardez, monsieur Pierre!
sur le rayon tout en haut, c'est mon linge;
sur le second mes jouets, mes livres et mes
cahiers. Voici mes robes suspendues aux crochets, et dans le fond il y a mes chaussures
et ma boîte à chapeau.

— C'est fort bien rangé, dis-je, mais j'aper-
çois encore un tiroir par-dessous; qu'est-ce
que tu as mis dedans?

— Ah! ce sont les trésors de maman, fit-
elle mystérieusement : elle permet que je

les garde parce que je deviens plus soigneuse.

Tenez, ajouta-t-elle en ouvrant le tiroir,
dans ces deux cadres, ce sont les photo-
graphies des parents de papa. L'écrin qui
est auprès renferme une grosse montre, toute
brisée, du père de maman. Voici la pelote
à aiguilles et le dé
de sa mère; on
pourrait encore
s'en servir; mais
ce sont des reli-
ques, on n'y tou-
che pas. Dessous,
il y a de vieilles
lettres jaunies que
tous deux lui écri-
vaient quand elle
est venue ici avec
papa. Là, c'est la
parure de fleurs

Est-ce que vraiment tu trouves que toutes
ces vieilleries soient des trésors?

d'oranger qu'elle portait à son mariage; ici,
le premier bonnet que j'ai mis et les premiers
petits chaussons de Mimi; dans la boîte, des
boucles de nos cheveux : maman en garde
une chaque fois qu'elle nous les coupe. Enfin,
voici mon premier cahier d'écriture et la cou-
ronne qu'on a donnée à mon frère l'an dernier à la distribution des prix.

— Est-ce que vraiment tu trouves, lui demandai-je, que toutes ces vieilleries soient des trésors ? »

Blanche resta un moment interdite, puis elle reprit indignée : « Sans doute, puisque ce sont les souvenirs de tous les bonheurs de maman. Quand je serai grande, elle me les donnera ; je les garderai avec les miens, et si jamais nous avons du chagrin, ils nous consoleront en nous faisant penser aux personnes qui nous aiment.

— Tu as raison, fillette, répondis-je, rien n'est plus précieux que ces reliques de famille : ce sont bien des trésors et les plus beaux du monde. »

O vieux buffets ; vastes armoires,
Du temps passé vous savez les histoires ;
Vous gardez dans vos profondeurs
Les souvenirs précieux qui font battre les cœurs.

Exercice écrit. — **1.** Comment Blanche a-t-elle rangé ses affaires dans son armoire ? — **2.** Qu'a-t-elle mis dans le tiroir du fond ? — **3.** Pourquoi sa mère lui a-t-elle permis de garder ses trésors ? — **4.** Enumérez-les en ordre. — **5.** Pourquoi Blanche trouve-t-elle que toutes ces vieilleries sont précieuses ? — **6.** Comment conservez-vous les reliques de famille que vous avez déjà eues ou que vous aurez plus tard ?

Le naufrage de Lili.

I

Quand on s'est amusé deux heures de suite, on commence à trouver le jeu monotone. C'est ce qui arrive à Ernest et Henriette. Ils ont semé leurs pantins et leurs cer-

Vous vous ennuyez, mes enfants, leur dit leur mère.

ceaux dans tous les coins de la cour et du jardin, et maintenant, les bras ballants et l'air malheureux, ils ne savent plus à quoi passer leur temps.

« Vous vous ennuyez, mes enfants, leur dit leur mère, qui les regardait de la fenêtre de la cuisine. Voulez-vous m'aider à éplucher des pois, cela vous reposera. »

En effet, de même que le jeu délasse du

travail, il n'est rien de tel qu'un peu de travail pour nous délasser du jeu.

Ce n'est pas l'avis d'Henriette qui fait la
moue. « Tu nous avais promis de nous laisser
l'après-midi du jeudi pour nous amuser, ré-
pond-elle. »

« Amusez-vous donc, puisque vous en avez
envie ; j'écosserai mes pois sans vous. Seulement ne vous fatiguez pas trop, et surtout
n'allez pas vous mouiller au ruisseau ! »

Il coule au bas du jardin, le petit ruisseau,
et le sépare du verger : étroit et peu pro-
fond, on le traverse au moyen d'une planche.
Cent fois au moins, on a défendu aux enfants
d'y barboter, mais il les attire toujours. De
si jolies demoiselles bleues et vertes se
posent sur les fleurs de la rive ! Au fond,
sur le fin gravier, glissent les poissons d'argent ; parfois une grenouille assise sur une
feuille de nénuphar vous regarde de ses yeux
ronds et, tout à coup effarouchée, plonge et
disparaît ; ou bien un martin-pêcheur passe
comme une flèche avec un cri perçant, si vite
qu'on n'a pas le temps d'admirer sa gorge
rouge et ses ailes éclatantes couleur d'éme-
raude. Oh oui ! le petit ruisseau les attire !

A peine leur mère les avait-elle quittés des
yeux qu'ils s'y dirigeaient tout droit : on ne
leur avait pas défendu de se promener sur le
bord, de regarder couler l'eau et de l'écouter

chanter sa chanson dans les herbes. Mais ils ne tardèrent pas à se lasser de ce plaisir tranquille.

« Une idée ! dit tout à coup Ernest ; si nous fabriquions une nacelle avec une petite caisse ; nous y mettrons ta poupée Lili et nous lui ferons faire une promenade en bateau. Ce ne sera pas désobéir, puisque nous ne nous mouillerons pas. »

On trouve toujours aisément de mauvaises raisons pour excuser par avance les fautes qu'on n'a pas la force d'éviter.

Exercice écrit. — **1.** Qu'arrive-t-il quand on s'est amusé trop longtemps ? — **2.** Décrivez l'attitude d'Ernest et d'Henriette après deux heures de jeu ? — **3.** Que leur propose leur mère ? — **4.** Pourquoi le ruisseau qui coule au bas du jardin les attire-t-il ? — **5.** Quelles plantes, quels animaux voit-on quand on s'en approche ? — **6.** Quel nouveau jeu imagine Ernest ?

II

Henriette est ravie. Avec son couteau, Ernest a bientôt troué le devant de la caisse pour y enfiler une ficelle ; puis il y installe doucement sur un lit de mousse Lili, la jolie poupée de porcelaine. Le bateau flotte, le

courant l'entraîne ! Bravo ! bravo ! Henriette
bat des mains ; elle voudrait être à la place
de Lili.

Hélas ! l'eau ne tarde pas à s'infiltrer par
les planches mal jointes, le bateau alourdi
enfonce et va sombrer avec sa voyageuse.
« Ernest ! ramène Lili ! » s'écrie Henriette
désespérée. Mais Ernest est tellement ému
qu'il lâche la
ficelle ; Lili s'en
va à la dérive
et fait naufra-
ge au milieu
des flots.

Qui fut pe-
naud ? Le jeune
Ernest, qui n'a-
vait pas prévu
ce malheur et

Henriette glisse et lâche la planche, Ernest
tombe dans le ruisseau.

que les sanglots d'Henriette affligeaient fort.
« Ne pleure pas, lui dit-il ; je vais passer de
l'autre côté sur la planche qui sert de pont ;
je la prendrai par un bout, toi par l'autre ;
nous la placerons au-dessus du bateau de Lili
et, en me mettant à genoux au milieu, je
repêcherai ta poupée. »

Il ne s'agissait plus que d'exécuter ce beau
plan ; malheureusement la planche était un
peu courte, et pour la porter jusqu'au lieu du
naufrage, il fallait marcher tout au bord du

fossé. Les deux enfants avaient peine à garder l'équilibre.

Tout à coup Henriette glisse et lâche la planche qui, en tombant dans l'eau, l'éclabousse du haut en bas; en même temps le contre-coup précipite Ernest la tête la première dans le ruisseau.

Quand ils rentrèrent à la maison, la sœur gémissant et sanglotant, le frère dégouttant d'eau et de vase, leur mère ne se sentit pas le courage de les gronder : elle les trouvait assez punis. « Mes pauvres amis, leur dit-elle, n'eût-il pas mieux valu éplucher des pois que d'inventer ainsi des jeux défendus ? »

La désobéissance nous expose toujours et expose quelquefois les autres, par notre faute, à de terribles accidents.

Exercice écrit. — **1.** Comment s'accomplit la promenade de Lili en bateau ? — **2.** Qu'est-ce qui fit lâcher la ficelle à Ernest ? — **3.** Expliquez pourquoi il fut doublement contrarié ? — **4.** Quel remède trouve-t-il au mal qu'il a causé ? — **5.** Qu'auriez-vous fait à sa place ? — **6.** Pourquoi son projet était-il difficile à exécuter ? — **7.** Quelle résolution ont dû prendre pour l'avenir les deux enfants ?

En revenant de l'école.

ROSE. — Comme tu te dépêches ! Viens donc jouer !

MARIE. — Je n'ai pas le temps. Maman a besoin de moi.

ROSE. — Besoin de toi ! Pour quoi faire ?

MARIE. — Pour l'aider ; elle me répète toujours que si je n'étais pas là, elle ne viendrait à bout de rien.

ROSE. — C'est pour t'empêcher de t'amuser qu'elle dit cela. Nous sommes trop petites pour faire le ménage et la cuisine.

Comme tu te dépêches ; viens donc jouer !

MARIE. — Mais non. Nous pouvons au moins balayer et nettoyer les chambres.

ROSE. — Oh bien ! quand j'essaie, on recommence après moi !

MARIE. — C'est peut-être parce que tu t'y prends mal : moi, je crois que je m'en tire bien. Je soigne aussi les poules et les lapins, et après, pendant que maman lève mon petit frère, c'est moi qui habille ma sœur.

ROSE. — La mienne crie sitôt que je la touche.

MARIE. — Je le crois ; tu la bouscules toujours ; et puis c'est un petit diable, tandis que Marguerite est douce et gentille. C'est encore moi qui la conduis à l'asile, et, après la classe, nous repartons ensemble faire les commissions.

ROSE. — Maman essaie bien aussi de m'en donner ; mais elle trouve que j'ai une cervelle d'oiseau : j'en oublie la moitié, je me trompe pour le reste, je perds quelquefois l'argent en route ; aussi elle s'en charge le plus souvent elle-même.

MARIE. — Mais ta mère ne doit jamais être débarrassée de son ménage ? Quand s'occupe-t-elle de sa broderie ? Car elle est brodeuse, n'est-ce pas, comme maman ?

ROSE. — Autrefois, oui ; mais elle a quitté son métier depuis qu'elle a trois enfants.

MARIE. — Maman aussi en a trois, et elle travaille quand même quatre ou cinq heures par jour, et avec son gain elle nous achète nos vêtements ; moi, pendant qu'elle brode, je la remplace de mon mieux au ménage.

ROSE. — Puisque tu vas à l'école, comment peux-tu la remplacer quatre ou cinq heures par jour ?

MARIE. — C'est bien facile. D'abord, toute la maison est en ordre pour neuf heures et maman est tranquille jusqu'à midi. Quand je rentre, je mets la table ; puis, dès qu'on a dîné, je lave et je range la vaisselle. Après quatre heures, je vais couper de l'herbe pour les bêtes avec les petits; ensuite je les amuse. Pendant ce temps-là, ils ne la dérangent pas. J'épluche aussi la salade et les légumes, pour qu'elle perde moins de temps à cuisiner. Le jeudi, je découpe ses festons et je reporte son ouvrage aux magasins. Je sais déjà assez coudre pour raccommoder un peu nos vêtements, et bientôt maman m'apprendra à broder.

Rose. — Tu ne joues jamais, alors? Que ce doit être ennuyeux!

Marie. — Au contraire; je m'occupe de tant de choses diverses que je ne me lasse jamais d'aucune. Et puis, maman est si contente! Essaie de faire comme moi, et tu verras comme c'est bon de se sentir utile.

Aidons nos parents dans la mesure de nos forces

Exercice écrit. —**1.** Dites les services que rend Marie à sa famille. Que fait-elle le matin? à midi? après 4 heures? le jeudi? — **2.** Que se propose-t-elle d'apprendre pour aider mieux encore à sa mère? — **3.** Pourquoi ne regrette-t-elle pas de ne jamais jouer? — **4.** Quel est son plus grand plaisir? — **5.** Pour quelles raisons Rose n'agit-elle pas comme Marie? · **6.** A quoi occupe-t-elle son temps en dehors des classes? — **7.** Quel conseil lui donne Marie?

Une malice dangereuse.

I

Albert et Juliette passent leurs vacances chez leurs grands parents.

La maison de ceux-ci est toute proche d'une belle forêt, où l'on découvre sans cesse de nouvelles richesses et de nouveaux amusements.

Les enfants s'y promènent souvent, presque toujours en compagnie des deux vieux qui en connaissent tous les sentiers. Ils en rapportent d'énormes bouquets ou de pleins paniers de fruits sauvages, des cornouilles écarlates, des sorbes rougissantes, des faînes dont on extrait une huile savoureuse, des champignons parfumés.

Mais Albert, espiègle et taquin, y cause parfois à sa grand'mère des frayeurs terribles : il court comme un fou le long des pentes rapides, il grimpe aux arbres, uniquement pour le plaisir d'en faire plier sous lui les branches flexibles ; il saute les fossés les plus larges, au risque de choir au milieu ; il cherche des mûres au plus épais des ronces et des noisettes au plus enchevêtré des fourrés.

Hardi, rieur, bruyant et adroit, il est à la fois l'orgueil et le souci constant de la bonne vieille. Elle s'épuise en recommandations aussi inutiles que sages : « Albert, pas si fort ! Ne t'échauffe pas tant ! Ne grimpe pas ici ! Ne saute pas là ! Tu ne seras content que lorsque tu auras les os rompus ! »

Albert serait bien plus content encore s'il exécutait le beau projet qu'il médite depuis deux jours, lequel consiste à feindre de se perdre. Seulement il a besoin pour cela du concours de Juliette, et la petite fille, plus affectueuse, résiste en objectant le

A un carrefour de sentiers, ils s'attardent.

gros chagrin qu'ils causeraient à leurs grands-parents.

« Bah ! répond Albert, puisque c'est pour rire ! Nous ne les laisserons pas chercher plus de cinq minutes. Tu verras ! Ils commenceront par faire semblant de gronder, puis ils appelleront, ils auront peur, et quand ils nous retrouveront, je suis sûr qu'ils pleureront de joie ! »

La fillette cède enfin à son frère ; tous deux conviennent aussitôt d'un plan, et dès le lendemain ils cherchent l'occasion de l'exécuter. A un carrefour de sentiers, ils s'attardent, sous prétexte d'examiner une grosse fourmilière, laissent leurs grands-parents prendre une avance de quelques pas, enfilent doucement un petit sentier à droite, puis, une fois hors de vue, courent à toutes jambes pour gagner du terrain.

Bientôt, des appels pressants retentissent : « Albert! Juliette! où êtes-vous ? Petits vauriens, vous vous cachez exprès ! On vous laissera tout seuls au bois ! Allons ! ici ! houp ! houp ! »

Albert est au comble de la joie ; il empêche sa sœur de répondre à ces cris pour savourer son plaisir plus longtemps : « Les voilà qui viennent nous chercher, dit-il, sauvonsnous! » Et tous deux se jettent précipitamment dans un autre sentier.

En octobre, les bois sont comme un grand fruitier,
Où l'automne a vidé sa corne d'abondance :
Du haut des arbres roux qu'un vent léger balance,
Faînes, sorbes, glands mûrs pleuvent dans le sentier.

(A. Theuriet.)

Exercice écrit. — **1.** Dites ce que vous savez du caractère d'Albert et de Juliette. — **2.** Quelles sont les richesses de la forêt? — **3.** Comment Albert se conduit-il quand il se promène au bois avec ses grands-parents? — **4.** Quel compte tient-il des recommandations de sa grand'-mère? — **5.** Que pensez-vous de son projet de faire semblant de se perdre? — **6.** Comment répond-il aux objections de sa sœur? — **7.** Racontez comment tous deux parviennent à s'éloigner de leurs parents? — **8.** Que disent d'abord ceux-ci? Que font-ils? — **9.** Pourquoi Juliette voudrait-elle leur répondre, tandis qu'Albert l'en empêche?

II

Les grands-parents n'ont pas suivi la bonne voie; au contraire, ils s'éloignent; leurs appels deviennent plus affaiblis et plus inquiets.

« Répondons-leur, dit Juliette, que l'émotion gagne; ils vont se tourmenter. »

Mais sa voix n'atteint sans doute plus leurs oreilles, car elle retentit seule à présent dans le bois. « Ah! mon Dieu! dit-elle, ils nous cherchent d'un autre côté; courons vite! »

Toujours criant, les enfants retournent en hâte sur leurs pas. Voici trois sentiers qui se croisent : par lequel sont-ils venus? — « Par celui-ci, » déclare Albert d'un air décidé, pour se persuader à lui-même qu'il en est sûr.

On s'y engage : il est d'une longueur interminable. « Je me suis trompé; c'était l'autre qu'il fallait prendre. Retournons-y! » L'autre n'est pas le bon non plus. Les enfants marchent depuis plus d'une heure, et la forêt devant eux s'étend aussi épaisse, aussi inconnue et, malgré leur terreur croissante, aussi paisible.

A la fin, Juliette, épuisée et désespérée, se laisse tomber à terre et pleure à chaudes larmes : « Nous sommes perdus ! dit-elle ; il va falloir passer la nuit ici, au froid... Et grand-père qui raconte que c'est plein de loups ! Oh ! que j'ai peur ! »

Albert se désolerait volontiers aussi ; mais il a du courage ; il embrasse sa sœur et la rassure : « Ne pleure pas ! Nous serons hors du

A la fin, Juliette, épuisée et désespérée,
se laisse tomber à terre.

bois avant le soir ; si tu es fatiguée, je te porterai. Nous allons suivre ce sentier tout droit, sans le quitter : il nous conduira toujours bien quelque part.

— Mais si c'est à l'opposé de chez grand-père, comment reviendrons-nous ? »

Albert réfléchit un moment : « J'ai trouvé ! dit-il. Puisque la maison est à l'ouest de la forêt et que voici le soir, il faut aller du côté du soleil, c'est clair ! »

Juliette, un peu raffermie par ce raisonnement, se relève et l'on marche droit vers l'ouest ! Mais que c'est long ! Le soleil baisse à l'horizon : une demi-obscurité envahit les chemins, l'air fraîchit ; la brise, qui s'élève forte et bourrue, agite lugubrement le sommet des arbres. Autour des enfants, tout semble prendre un air méchant et menaçant.

« Oh ! j'ai peur, j'ai peur ! » répète la pauvre petite en frissonnant. Albert n'est pas lui-même bien rassuré, mais il veut s'efforcer jusqu'au bout de réparer sa faute ; il entonne à plein gosier les chants qu'il a appris à l'école, et sa voix sonore leur rend à tous deux un peu de courage. Ils n'entendent plus les plaintes du vent et marchent au pas relevé, en cadence. Même Juliette reprend le refrain d'un petit air brave.

Enfin un ovale lumineux se dessine entre les branches à l'extrémité du sentier : « Le bout ! voilà le bout ! Victoire ! victoire ! » Des cris cette fois répondent à leurs cris : ce sont les pauvres grands-parents, qui n'ont pas cessé de chercher leurs enfants dans la plus terrible angoisse.

Aussi, quelle joie de se retrouver : grand'-mère pleure à en suffoquer ; grand-père lui-même a la voix brisée d'émotion et ne trouve pas le courage de gronder. « Je ne serai plus taquin, allez, déclara Albert, j'ai été trop puni !

« Mais tu seras toujours brave, ajouta Juliette ; sans toi, je serais morte de peur. »

Vous tous, petits enfants, aimez bien vos grand'mères ;
Entourez-les : leur âge a des douleurs amères ;
Baisez leurs cheveux blancs, diadème béni ;
Qu'il souffle un peu d'amour dans leurs chemins arides !
Un seul baiser de vous fait oublier vingt rides
A leur front rajeuni.

Ségalas

Exercice écrit. — **1.** Pourquoi Juliette devient-elle de plus en plus inquiète ? — **2.** Que font alors les enfants ? — **3.** Quelles sont les terreurs de Juliette ? — **4.** Par quel raisonnement Albert arrive-t-il à se diriger dans la forêt ? — **5.** Dites l'impression que produit sur les enfants l'approche de la nuit. — **6.** Quel moyen Albert emploie-t-il pour se défendre de la peur ? — **7.** Que faisaient cependant les grands-parents ? — **8.** Pourquoi ne grondèrent-ils pas les deux étourdis ? — **9.** Quelle bonne résolution prit Albert ?

Pauvre vieux!

I

Les cloches de l'église sonnent à toute volée et l'orgue retentit à travers la grande porte ouverte, autour de laquelle se pressent une foule d'enfants, de commères, d'ouvriers en habits de travail.

On célèbre le mariage du fils de Thomas, le

C'est d'abord la mariée...

riche propriétaire, avec la fille de François le vigneron; et les curieux n'ont pas voulu en perdre le spectacle. Ils ne sont pas déçus, car la noce est superbe.

C'est d'abord la mariée, fraîche et très parée, conduite par son père; puis, au bras du marié, une grosse dame en robe de soie gorge de pigeon, puis les demoiselles d'honneur très pimpantes dans leurs élégantes toilettes, puis des enfants rieurs. Voici les oncles, les tantes, les cousins, les amis des deux époux; ils semblent un peu empêtrés dans leurs habits de cérémonie. Enfin Thomas, raide et solennel, ferme la marche avec la mère de la mariée.

Le cortège s'enfonce lentement dans l'église, la porte se referme, et les réflexions et les critiques commencent à aller bon train.

« En voilà de belles toilettes! dit l'un.

— Ah! ils peuvent les payer, répliqua un autre; ils sont assez riches!

— Mais avez-vous vu le gros Thomas? ajouta un troisième. Quel air orgueilleux! Fait-il assez sonner ses écus? Ce n'est pourtant ni à ses talents, ni à son esprit qu'il les doit, et il est heureux que son père soit venu au monde avant lui...

— Tiens! interrompit une commère, mais il n'est pas de la noce, le grand-père; je ne l'ai pas aperçu.

— Ni moi!

— Ni moi! Est-ce qu'il serait brouillé avec ses enfants?

— Je ne le pense pas, reprit la mère Munier, celle-là même qui avait remarqué son absence; il les aime trop pour se fâcher contre eux. Peut-être est-il malade. Je vais aller

lui faire une visite afin d'en avoir le cœur
net. »

Tes père et mère honoreras
(Décalogue)

Exercice écrit. — Que remarque-t-on devant l'église
le jour du mariage du fils Thomas ? — **2.** Pourquoi dit-
on que les curieux ne sont pas déçus ? — **3.** Quel défaut
révèlent les manières de Thomas ? — **4.** Quelles critiques
provoque-t-il au passage ? — **5.** Qu'est-ce que les bavar-
dages nous font soupçonner sur les rapports de Thomas
avec son père ?

II

Le grand-père Thomas habitait une modeste
maisonnette adossée aux granges de son fils
et qui autrefois servait de remise aux instru-
ments de jardinage.

Lui-même s'était arrangé cette retraite,
pour y achever sa vie près de ses enfants sans
les gêner, lorsque après de longues années de
travail il s'était enfin décidé au repos. Il y
avait ouvert deux fenêtres, établi un plancher
et un plafond, transporté son lit et quelques
meubles ; puis un soir, ayant pour la dernière
fois réuni tout son monde à la grande table
de la ferme, il avait très simplement fait abandon à son fils unique de ses champs, ses prés,
ses bestiaux, sa maison, ses économies. « Dé-

sormais, lui avait-il dit, tu es le maître, c'est
à toi qu'on obéira : je m'en remets à toi pour
assurer mes derniers jours. »

D'abord il n'eut qu'à se louer des attentions
qu'on lui témoigna ; on continuait à le traiter
comme le chef de famille ; son fils lui demandait des con-
seils, sa bru
lui montrait
del'affection,
ses petits-en-
fants l'ado-
raient. Mais
il eut le tort
de vivre trop
longtemps;la

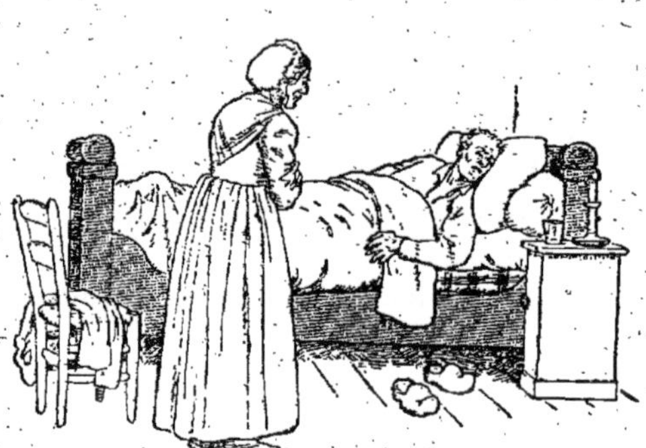

pension qu'on lui payait parut de jour en jour
plus lourde ; et comme, sentant qu'il était à
charge, il avait pris l'habitude de se confiner
dans sa maisonnette, on s'accoutuma à l'y
laisser seul et à ne plus s'occuper de lui.

C'est là que la mère Munier vint le trouver : « Êtes-vous malade, père Thomas, demanda-t-elle, en voyant le vieillard couché et
la pièce en désordre ?

— Oh ! bien malade ! gémit celui-ci. J'étouffe,
je frissonne de fièvre ; et je ressens une douleur insupportable au côté. Je crois bien que
je n'en ai plus pour longtemps.

— Allons donc ! vous n'y pensez pas ! ce

n'est qu'un malaise. Est-ce que vos enfants ignorent votre état ?

— Je ne les ai pas vus depuis hier. Comme je n'étais pas trop bien, je leur ai dit que je ne pourrais pas assister au mariage du petit, mais qu'ils ne s'inquiètent pas de moi. Et aujourd'hui je n'ai pas eu la force de me lever pour les avertir. »

Ils auraient bien pu se déranger, murmura à demi-voix la bonne femme. C'est révoltant, quand on sait son vieux père malade, de se mettre en fête sans même s'inquiéter de sa santé. Puis elle ajouta tout haut : « Eh bien ! je vais aller leur donner de vos nouvelles, moi ; il ne faut pas que vous restiez seul ici.

— Plus tard, supplia le malade ; quand ils seront revenus de l'église.

—Comme vous voudrez, reprit-elle ; en attendant, je cours toujours chercher le médecin. »

Celui-ci se montra tout de suite très inquiet. Il constata une grave fluxion de poitrine qui pouvait emporter le vieillard le jour même, et déclara qu'il fallait absolument prévenir ses enfants sans tarder.

Rappelle-toi souvent cette pensée triste mais salutaire : « Ces têtes blanches qui sont,

« *là devant moi, qui sait*
« *si bientôt elles ne seront*
« *pas dans la tombe?*
(Silvio Pellico.)

Exercice écrit. — **1.** Où se trouvait la demeure du père de Thomas ? — **2.** Décrivez-la. — **3.** Pourquoi le vieillard avait-il voulu l'habiter ? — **4.** Comment ses enfants le traitèrent-ils d'abord ? — **5.** Qu'est-ce qui rend plus odieuse l'ingratitude dont il souffrit ensuite ? — **6.** Comment se trouvait-il quand il reçut la visite de la mère Munier ? — **7.** Comment explique-t-il l'abandon où on le laisse ? — **8.** Que pensez-vous de la conduite de Thomas ? — **9.** Qu'aurait-il dû faire ?

III

Cependant la noce avait quitté l'église. Les invités, réunis maintenant dans la grande maison, s'extasiaient sur les riches cadeaux orgueilleusement étalés dans la salle du festin. Un magnifique couvert y était dressé, et le maître du logis, aidé des jeunes époux, s'occupait de placer chacun à table.

En ce moment survint la mère Munier qui s'était chargée de prévenir Thomas. Elle put se glisser à ses côtés sans être remarquée.

« Votre père est au plus mal ! Venez vite, lui dit-elle à voix basse.

— Est-ce que vous êtes folle ? répliqua-t-il. Je l'ai vu hier, mon père, et je sais comment il va. D'ailleurs, je ne puis quitter mon monde à présent.

— Le médecin craint qu'il ne meure aujourd'hui même, insista-t-elle, et si j'osais vous donner un conseil...

— Gardez vos conseils pour vous, riposta

Hélas ! le pauvre vieux ne reconnut même plus son fils.

durement le richard, et mêlez-vous de ce qui vous regarde ! »

La bonne femme, suffoquée d'indignation, sortit sans ajouter une parole.

Bientôt le dîner commença et les convives y firent joyeusement honneur. Seul Thomas, mal à l'aise et peu rassuré, ne touchait que du bout des dents aux plats succulents qu'on servait. Au dessert, n'y tenant plus, il s'esquiva sous le premier prétexte venu et courut chez son père.

Hélas ! le pauvre vieux ne reconnut même pas son fils ; il agonisait déjà, une pâleur terreuse avait envahi son visage ; ses yeux fixes et vitreux restaient sans regard. Thomas, épouvanté, tomba à genoux en sanglotant : « Père ! c'est moi ; m'entendez-vous ? »

Pour toute réponse, le moribond cessa de gémir durant quelques secondes ; puis le râle reprit, s'interrompit encore et, après un dernier et terrible cri, fit place au silence éternel.

Le malheureux fils, écrasé par le chagrin et le remords, oubliait ses convives et sa maison en fête. Il fallut que la mère Munier, après avoir respecté quelque temps sa douleur, le rappelât à lui.

« Vous ne pouvez pas continuer la noce, lui dit-elle : dois-je aller prier les invités de se retirer ? »

Il se chargea lui-même de ce triste soin. Lorsque pâle, bouleversé, il apporta au milieu de la gaieté bruyante du festin la nouvelle lugubre et inattendue, ce fut une stupeur générale parmi les convives. Combien tristement finissait cette fête des épousailles si joyeusement commencée ! Bientôt, comprenant qu'ils n'avaient plus rien à faire dans la maison en deuil, ils prirent congé les uns après les autres, avec de vagues compliments de condoléance.

Dans un coin de la salle, la jeune épouse, toute pâle sous ses voiles blancs, s'efforçait avec de bonnes paroles de consoler son mari. Celui-ci, d'ailleurs, ne paraissait pas fort affligé : sans doute, il jugeait que cette mort était dans l'ordre des choses et qu'elle arrivait à propos.

« Après tout, murmura-t-il à l'oreille de sa femme, le malheur n'est pas si grand ; le vieux n'était plus bon à rien. Mon père prendra sa place et nous serons seuls et libres chez nous. »

Thomas, qui s'était approché d'eux sans être aperçu, surprit cette réponse et blêmit ; il avait compris. « Voilà le châtiment, se dit-il, je l'ai mérité. »

Le fils qui laisse mourir son père dans l'abandon ne peut attendre de ses propres enfants que mauvais traitements et ingratitude.

Exercice écrit. — **1.** Décrivez l'aspect de la salle du festin au moment où y pénètre la mère Munier. — **2.** Quels sentiments manifeste Thomas en apprenant l'état de son père ? — **3.** Quel spectacle l'attendait quand il se rendit enfin chez le vieillard ? — **4.** Comment montra-t-il son remords et sa douleur ? — **5.** Comment ses invités accueillirent-ils la triste nouvelle ? — **6.** Quelle réflexion fit à ce sujet le jeune marié ? — **7.** Qu'en pensa Thomas et qu'en pensez-vous ?

Qu'il fait bon être adroite !

Hélène confectionne un costume pour sa grande poupée Dora. Bien qu'elle n'ait que onze ans, elle est déjà adroite comme une petite fée, et sa mère lui abandonne volontiers de jolis chiffons, des bouts inutiles de dentelle et de ruban, qui sont pour elle de véritables trésors.

Elle met la dernière main à un corsage russe en satinette grenat, qui a fort bonne façon ; il va on ne peut mieux avec la jupe plissée blanche et rose qu'elle a faite hier. Il reste à y fixer une ceinture, une collerette de guipure, et Dora sera parée comme une princesse.

La petite Claire, assise sur un tabouret tout près de sa sœur, contemple ces belles choses en silence, avec un air mélancolique. Elle n'est pas jalouse, oh non ! Au contraire, elle admire Hélène et l'aime de tout son cœur. Mais elle a aussi une fille, Bellotte, presque aussi grande que Dora, et qui cependant, à côté de celle-ci, ressemble à une pauvresse.

C'est qu'elle n'est pas habile, la pauvre Claire ! Que voulez-vous que sachent faire de petits doigts de huit ans ? D'abord, on ne lui donne que de vilains chiffons à travailler, parce qu'elle est encore trop maladroite, et de grosses aiguilles et du gros fil pour les coudre. Aussi, malgré sa tendresse pour Bellotte et sa bonne volonté, ce qu'elle lui fabrique n'est pas très élégant : des corsages froncés au cou, pareils à des sacs ; des manches taillées en droit fil, qui lui tiennent les bras raides ; des jupes plus longues d'un côté que de l'autre, des chapeaux qui font penser à ceux des sau-

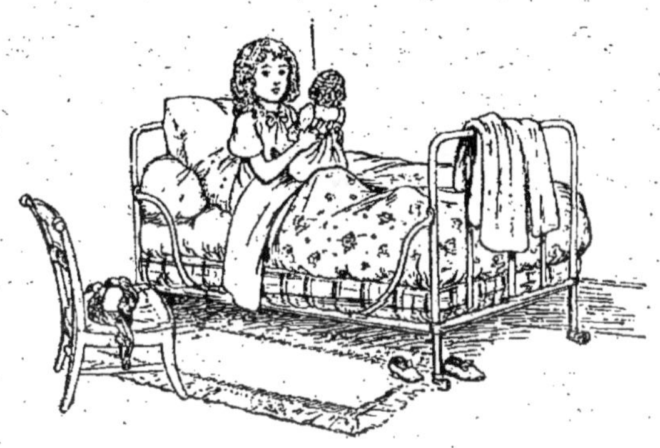

Le lendemain, en s'éveillant, Claire pousse un cri de surprise.

vages. Elle voudrait tant savoir travailler comme sa sœur !

« Que c'est beau ! » murmure-t-elle avec une grosse émotion.

Hélène ne dit rien : elle achève son travail en souriant ; mais le soir, quand la petite sœur est endormie, elle revêt Bellotte de la jolie robe neuve et la met dans les bras de Claire.

Le lendemain, en s'éveillant, Claire pousse un cri de surprise : « C'est ma fille ! Oh ! qu'elle est belle ! Comme cela lui va bien ! C'est pour moi, dis, Hélène ? bien vrai ? Mais la tienne ? Tu lui en feras une pareille ? Oh ! merci, que je suis contente ! Je vais vite la montrer à maman. »

Et elle embrasse Hélène et Bellotte avec transport.

Cependant, la grande sœur est encore plus joyeuse et plus fière que la petite. C'est qu'elle a trouvé le vrai secret du bonheur : se priver un peu pour le plaisir des autres.

Elles vont la main dans la main,
On ne les voit jamais qu'ensemble,
Sans que l'une à l'autre ressemble,
Toujours par le même chemin,
Elles vont la main dans la main

(V. de Laprade)

Exercice écrit. — **1.** Pourquoi Claire n'est-elle pas aussi adroite qu'Hélène ? — **2.** Décrivez le joli costume de la poupée d'Hélène. — **3.** Décrivez celui de Bellotte. — **4.** Pourquoi Claire n'est-elle pas jalouse d'Hélène ? — **5.** Que fait l'aînée pour sa cadette ? — **6.** Dites la joie qu'éprouva celle-ci à son réveil. — **7.** Pourquoi la grande sœur ressentit-elle une satisfaction plus vive encore ? — **8.** Laquelle des deux petites filles préférez-vous ?

L'album d'images

Émile, Jean et Amélie possédaient en commun un superbe album d'images, qui faisait leur orgueil et excitait la convoitise de tous leurs petits amis.

Ce n'était cependant qu'un gros vieux livre de comptes inachevé que leur père leur avait abandonné ; mais ce livre était très bien relié. Sur les pages déjà couvertes d'écriture, ils avaient collé habilement, après les avoir découpées pièce à pièce, les images qu'on leur donnait ou qu'ils achetaient en réunissant leurs économies : car on a en gros, pour cinquante centimes, douze, treize et parfois quatorze histoires illustrées, ce qui est plus avantageux que de les payer un sou pièce.

Sur les pages encore blanches, Émile, déjà adroit et plein d'invention, dessinait de petits paysages, ou des rébus, ou des scènes empruntées soit à l'histoire de France, soit aux contes de fées. On pouvait donc voir, en feuilletant l'album, les choses les plus variées, les plus inattendues et les plus amusantes.

Par malheur, Émile n'était pas aussi complaisant ni aussi patient qu'habile.

Un jour qu'il s'appliquait à orner d'arabesques les derniers feuillets, Amélie, pressée d'admirer son œuvre, prit l'album à deux mains et le tira à elle. Il n'en fallut pas davantage pour irriter l'artiste. Il saisit violemment les poignets de la fillette et la força à lâcher prise :

« Veux-tu bien me laisser tranquille et t'en aller ! Regarde, tu as les mains sales et tu as barbouillé le haut des deux pages ! Petite malpropre, je te défends d'y toucher.

— Je ne l'ai pas fait exprès ! riposta celle-ci ; et d'abord l'album est aussi bien à moi qu'à toi !

— C'est vrai cela, dit Jean pour appuyer sa sœur ; l'album est à tout le monde !

— Il est à moi, répondit Émile ; c'est moi qui ai tout découpé, tout collé et tout dessiné.

Et comme chacun tirait furieusement de son côté, le pauvre album n'y résista pas.

— Oui, mais tu as pris nos sous pour acheter les images !

— On vous les rendra, vos sous, vilains avares !

— Rends-les tout de suite alors, cria Jean en empoignant le livre par la couverture tandis qu'Émile le retenait par les feuillets. »

Et comme chacun tirait furieusement de son côté, le pauvre album n'y résista pas : il se sépara en deux avec un grand déchirement.

Subitement calmés par ce malheur, nos trois amis restèrent confondus devant les ruines de leur album ; par leur faute, ils avaient détruit leur plus beau jouet.

Un peu d'attention de la part d'Amélie, ou de patience de celle d'Émile ou de douceur de celle de Jean aurait aisément évité cet accident.

Quand on se querelle, on gâte ses plus doux plaisirs.

Exercice écrit. — **1.** Comment Émile, Jean et Amélie se sont-ils fait un album ? — **2.** Pourquoi en sont-ils fiers et pourquoi leurs amis trouvent-ils plaisir à le feuilleter ? — **3.** Rappelez ce que vous savez du caractère d'Émile ? — **4.** Pourquoi se querelle-t-il avec sa sœur et son jeune frère ? — **5.** Quel accident amena leur discussion ? — **6.** Comment auraient-ils pu l'éviter ? — **7.** Qu'arrive-t-il quand on se querelle ?

Histoire d'une pomme et d'un litre de sirop.

Charles monte au grenier pour y chercher des bûchettes dont sa mère a besoin. Petit Paul, qui ne le quitte jamais quand il est à la maison, grimpe l'escalier à quatre pattes derrière lui et il arrive juste au moment où Charles, son panier rempli, attrape une pomme sur une claie d'osier.

L'enfant reste surpris et perplexe. Il est

accoutumé à ne manger que ce qu'on lui donne et il ne sait que penser de l'action de son frère. Celui-ci se croit obligé de s'excuser : « Maman ne nous a pas défendu d'en prendre, lui dit-il ; il y en a beaucoup : elle ne verra pas qu'il en manque une. Tu ne le lui diras pas ! »

Paul garde un silence parfait. Mais sans doute, il a fait sur l'incident ses petites réflexions, car dès le lendemain il ouvre à deux battants le buffet aux provisions, et comme il est très friand de sirop de groseille, il saisit un litre entamé depuis quelques jours et encore aux trois quarts plein et le débouche tout en chantonnant entre ses dents : « Maman n'a pas défendu d'y toucher, il y en a beaucoup : elle n'y verra rien ! »

Puis il boit lentement et longtemps...

Puis il boit lentement et longtemps, jusqu'à ce que son estomac refuse d'absorber davantage. Après quoi, écœuré et mal à l'aise, il va s'asseoir dans un coin, sans plus courir ni s'amuser.

Quelques minutes après, Charles rentrait

de l'école : « Bonjour, maman. Où donc est
mon frère ? — Ton frère ! mais il jouait ici tout
à l'heure. Paul ! Paul ! » Pas de réponse. On le
cherche, un peu inquiet, et on le découvre
bientôt immobile sur son petit banc, pâle, les
yeux cernés. Il se plaint. Il ressent de vives
douleurs à l'estomac. « Qu'as-tu donc mangé
pour avoir si mal ? lui demande-t-on. — J'ai
seulement bu du sirop, répond-il. Charles
disait hier que cela ne fait rien de prendre les
choses quand il y en a beaucoup, et qu'on ne
nous l'a pas défendu ! »

C'est au tour du grand frère de rester perplexe et silencieux. Il a honte de sa conduite :
il comprend maintenant qu'il doit se surveiller
attentivement pour ne pas entraîner l'enfant
par son mauvais exemple.

Rien n'est si contagieux
que l'exemple et nous ne
faisons jamais de grands
biens ni de grands maux
qui n'en produisent de
semblables.
(La Rochefoucauld)

Exercice écrit. — **1.** Quel mauvais exemple Charles a-t-il donné à son petit frère? — **2.** Comment essaie-t-il de justifier sa faute ? — **3.** Quel fut l'effet de cet exemple sur Paul ? — **4.** Qu'en résulta-t-il pour lui ? — **5.** Quand Charles s'aperçut-il qu'il était cause de la faute et des souffrances de Paul ?— **6.** Quelle résolution prit-il ?

Une maîtresse qui mérite d'être bien servie.

Mme DUMAS. — Votre petite servante va-t-elle mieux, voisine ?

Mme LEROY. — Un peu mieux, madame ; mais elle souffre beaucoup de ses brûlures, surtout de celles du visage et des mains. Et puis elle se désole, car elle a peur de rester défigurée. Mais je crois que nous la guérirons bien.

Mme DUMAS. — Comment cet accident lui est-il arrivé ?

Mme LEROY. — Par imprudence ; tout simplement en voulant allumer son réchaud avec

Elle s'est trouvée tout à coup enveloppée de flammes.

du pétrole. Je le lui ai défendu cent fois, mais sans réussir à lui faire comprendre à quel danger elle s'exposait. Hier, malheureusement, elle a pris le bidon d'essence au lieu de celui de pétrole, et elle en a inondé son charbon. Vous pensez quelle flambée elle a produite en approchant l'allumette. Elle s'est trouvée tout à coup enveloppée de flammes, et c'est pur hasard qu'elle en soit quitte pour de fortes brûlures.

Mme DUMAS. — Elle aurait pu y périr! Est-ce qu'elle sera longtemps alitée?

Mme LEROY. — Trois semaines ou un mois, dit le médecin. Ah! la pauvrette est bien punie de sa désobéissance.

Mme DUMAS. — Vous n'allez pas la garder chez vous, je suppose? Vous l'enverrez à ses parents sitôt qu'elle sera transportable?

Mme LEROY. — Oh! non, madame; l'accident a eu lieu chez moi, je la soignerai chez moi.

Mme DUMAS. — Mais vous n'en êtes pas du tout responsable. Jeannette s'est brûlée par sa faute : il est juste qu'elle en subisse les conséquences. Si vous la gardez, au lieu d'être servie par votre bonne, vous aurez la peine de la soigner.

Mme LEROY. — Je le sais; aussi la mère Mathurine m'aidera jusqu'à la guérison.

Mme DUMAS. — Mais c'est tout au plus si les gages de Jeannette paieront votre femme de ménage.

Mme LEROY. — Je ne compte pas lui retenir ses gages : pour une petite économie que je ferais, je lui causerais trop de peine. Ce n'est point par plaisir qu'elle suspend son service, et ses parents ont besoin de la petite somme qu'elle leur envoie chaque mois.

Mme Dumas. — Il ne vous manque plus que de payer le médecin et le pharmacien.

Mme Leroy. — Cela va de soi. Où prendrait-elle l'argent qu'il faut pour cela ?

Mme Dumas. — Et, sans indiscrétion, qui est-ce qui la panse ?

Mme Leroy. — C'est moi. La mère Mathurine a la main trop lourde et ma fille est encore trop maladroite. D'ailleurs Jeannette ne veut accepter que mes soins. Elle m'a suppliée pendant toute la nuit de ne pas la quitter et de ne pas la laisser toucher par d'autres.

Mme Dumas. — Alors, vous passez les nuits auprès d'elle, à présent ! Tenez, madame Leroy, je vais vous dire franchement ma pensée : vous gâtez trop vos bonnes. Vous vous trompez si vous croyez qu'elles vous en seront reconnaissantes et vous serviront mieux. Elles deviendront tout simplement plus exigeantes et abuseront de votre bonté.

Mme Leroy. — C'est possible, voisine : tout le monde est exposé à faire du bien à des ingrats, mais ce n'est pas une raison pour abandonner dans le malheur les gens qui vivent sous votre toit. Mieux vaut, à mon avis, mériter sans l'avoir le dévouement de nos domestiques que d'être bien servis sans le mériter.

Les maîtres doivent être bons pour leurs serviteurs, parce qu'ils sont plus heureux, et plus éclairés que ceux-ci. Les serviteurs, à leur tour, doivent se montrer reconnaissants et dévoués à l'égard des bons maîtres.

Exercice écrit. — **1.** Racontez l'accident de Jeannette. — **2.** Par quelle faute l'a-t-elle en partie mérité ? — **3.** Comment sa maîtresse se conduisit-elle en cette occasion ? — **4.** Quelles qualités prouve cette conduite ? — **5.** Comment aurait agi à sa place madame Dumas ? — **6.** Quels sont les principaux devoirs des maîtres envers les domestiques ?

Une bonne partie.

I

Maurice suit lentement et comme à regret le chemin de l'école. Maurice n'est pas un de ces élèves modèles qui arrivent en classe avant l'heure — oh non ! — ou qui soignent leurs devoirs avec amour et savent leurs leçons sans broncher. Il ne travaille pas par plaisir, mais par force : il craint son père qui ne rit pas tous les jours

Maurice suit lentement et comme à regret le chemin de l'école.

et n'entend pas qu'on lui rapporte des notes trop faibles ou de trop mauvaises places.

Ah ! s'il était son maître et s'il pouvait agir à sa guise ! Croyez-vous qu'aujourd'hui, par exemple, il irait s'enfermer dans une salle, en face d'un tableau noir, et s'y tenir immobile, attentif à des problèmes ou à une dictée ? Depuis le commencement de l'été, il n'a pas fait encore une si belle matinée : le ciel est bleu, l'air est doux, les oiseaux chantent... Ils sont heureux, les oiseaux ! on ne leur apprend pas l'orthographe ; ils sont libres, et lui ne l'est pas.

Ainsi, tout en marchant, songe l'ami Maurice. A quelques pas de la route, sur la droite, il entend le murmure de la rivière coulant parmi les saules. On trouverait encore des fraises sur les bords, de bonnes fraises parfumées ; les nichées des loriots au ventre d'or, qui suspendent comme des paniers leurs nids aux fourches des branches, n'ont pas encore pris leur envolée ; c'est si amusant de les effaroucher. Et puis, là-bas, au bout du bief du moulin, la barque du père Simon est accrochée ; on pourrait la lui emprunter et se payer une petite promenade sur la rivière.....

Devant lui, sur le chemin qui mène à l'école, Maurice n'aperçoit personne ; il se retourne, personne non plus par derrière ; il est seul, on ne le verra pas : « Ma foi, tant pis ! se dit-il, j'y vais. Pour une fois, papa n'en saura rien. » Et enfilant prestement un sentier qui mène au bord de l'eau, il a bientôt disparu sous les saules.

Écolier qui pars pour l'école,
Garde-toi de traîner le pas.
En chemin ne t'arrête pas,
Mais songe à l'heure qui s'envole.

(Caumont.)

Exercice écrit. — **1.** Dans quelles dispositions Maurice se rend-il en classe ? — **2.** Quelles tentations lui viennent ? — **3.** Quelles circonstances favorisent son escapade ? — **4.** Que faut-il penser de sa conduite ?

II

L'ami Maurice savoure le bonheur d'être libre ; il lui semble qu'il respire plus à l'aise ; il se roule dans l'herbe, il mange des fraises, il grimpe aux arbres ; s'il ne se retenait, il pousserait des cris de joie. La barque est bien à sa place avec les rames au fond ; advienne que pourra, il aura toujours eu ce matin du plaisir pour plusieurs jours.

Après avoir jeté son sac au pied d'un arbre, il décroche la nacelle, saute dedans et d'une poussée gagne le milieu de la rivière, un peu tremblant encore de son audace. Le courant l'entraîne lentement, sans qu'il ait besoin de ramer : c'est un délice ; un vent léger caresse l'eau qui étincelle sous le soleil et les saules de la rive semblent s'en aller doucement, doucement, comme dans un rêve.

Maurice pense à ses camarades enfermés là-bas, en classe ; sans doute en ce moment, tandis que sa barque descend au fil de l'eau, ils se débattent contre une règle de trois ou se perdent dans une analyse embrouillée. Oh ! cette analyse ! il l'a en horreur ; c'est toujours pour l'analyse qu'il est puni ; ce n'est pourtant

pas sa faute s'il n'y comprend rien. Aujour-
d'hui du moins, ni effort à faire, ni punition à
redouter ! il n'a qu'à se laisser vivre ; il est
libre ! il est heureux !

Cependant la barque glisse toujours de son
allure paresseuse et Maurice ne s'aperçoit ni
du chemin qu'il parcourt, ni de l'heure qui

Cependant la barque glisse toujours de son allure paresseuse.

s'envole. Un choc assez violent l'arrache à sa
rêverie ; l'avant vient de heurter l'un des pilo-
tis du pont du moulin. A dix mètres au-des-
sous gronde l'écluse ; il n'est que temps d'y
prendre garde ; si la barque y est entraînée,
elle se brisera.

Maurice rame hâtivement avec des forces
doublées par la terreur ; enfin il parvient à
vaincre le courant, il le remonte, il est sauvé.
Il s'agit maintenant de regagner le point de
départ ; ce sera dur sous le soleil qui lui tombe

presque d'aplomb sur la tête ; il ruisselle de sueur, ses oreilles bourdonnent, et, malgré tous ses efforts, il lui semble qu'il n'avance pas.

Quelle heure est-il donc ? Cette remontée de la rivière est interminable ; ses bras se raidissent, ses reins se fatiguent ; il n'arrivera jamais à temps pour rentrer chez lui à l'heure du dîner. Enfin il aborde et rattache sans bruit la barque à son piquet. Midi sonne... Qu'est-ce que papa va dire ? Et oubliant dans son trouble son sac au pied du saule où il l'a jeté, Maurice regagne au pas de course la maison paternelle.

Mes enfants, il faut qu'on travaille !
Il faut tous, dans le droit chemin,
Faire un métier, vaille qui vaille,
Ou de l'esprit ou de la main.

(V. de Laprade.)

Exercice écrit. — **1.** Quels plaisirs goûte d'abord Maurice en faisant l'école buissonnière ? — **2.** Qu'est-ce qui rend plus agréable sa promenade sur l'eau ? — **3.** Que font ses camarades à l'école pendant ce temps ? Qu'éprouve-t-il en comparant son sort au leur ? — **4.** Comment est-il brusquement tiré de sa rêverie ? Quel danger court-il ? — **5.** Comment parvient-il à s'en tirer ? — **6.** En quel état se trouve-t-il quand il a regagné son point de départ ? — **7.** Quelle imprudence commet-il dans son trouble ?

III

« Pourquoi rentres-tu si tard ?

— J'ai été en retenue, dit Maurice à tout hasard, parce que j'ai bavardé avec Jules.

— Et pourquoi es-tu si rouge et si échauffé ? ajoute la mère inquiète.

— J'ai joué à saute-mouton en revenant.

— Et ton sac ?

— Je l'ai laissé à l'école.

— Mais ton pantalon est trempé ! qu'est-ce que tu as fait ?

— C'est Jules qui m'a jeté de l'eau en passant près de la fontaine. »

Maurice a repris toute son assurance ; il ment avec un aplomb superbe ; et comme on ne lui adresse plus aucune observation avant de se mettre à table, ni pendant le dîner, il espère en être quitte pour la peur. « Je reprendrai mon sac en allant à la classe du soir, se dit-il, et on ne se doutera de rien. » Mais son père, un peu méfiant, l'accompagna jusqu'à la porte de l'école et ne s'éloigna qu'après l'avoir vu entrer.

A peine en classe, on l'interrogea sur son absence :

« Pourquoi n'êtes-vous pas venu ce matin et pourquoi n'apportez-vous point vos livres ?

— J'ai été malade, répondit-il effrontément

et je n'ai pas pu apprendre mes leçons. » Le maître n'insista pas et tint l'excuse pour bonne ; décidément, tout passerait inaperçu.

Mais à quatre heures, au moment de la sortie, Maurice vit son père qui l'attendait dans la cour de l'école, le sac perdu à la main :

Il fut obligé de confesser son équipée et de reconnaître ses mensonges.

« Pourrais-tu me dire comment il se fait que ton sac se soit trouvé près de la barque du pêcheur ? lui demanda celui-ci en le saisissant par le bras. Le père Simon vient de me le rapporter. »

Maurice ne songeait plus à rire ; il fut obligé de confesser son équipée et de reconnaître ses mensonges, en présence de son maître et de ses camarades, ce qui accrut encore sa confusion.

Il soupa ce jour-là d'un morceau de pain

sec et fut privé de récréation pendant huit jours. Il est à croire qu'à la suite de cette aventure, il perdit pendant quelque temps le goût des promenades sur l'eau.

Une première faute en entraîne toujours plusieurs autres à sa suite; la paresse est la mère de tous les vices

Exercice écrit. — 1. Racontez les mensonges de Maurice.—2. Quelle circonstance l'empêche d'aller reprendre son sac près de la rivière? — 3. Comment répond-il aux questions de l'instituteur au sujet de son absence du matin? — 4. Comment se découvrent ses fautes? — 5. Comparez les plaisirs de l'enfant appliqué et sincère à ceux de l'écolier paresseux et menteur?

Six mauvaises notes d'un coup.

« Que c'est ennuyeux d'aller à l'école! disait Gaston à sa grande sœur Marie, en rentrant à la maison après la classe du matin. Le maître m'en veut, je n'apprends rien et je suis toujours puni.

— Et pourquoi le maître t'en voudrait-il, mon pauvre Gaston? Si tu n'apprends rien, il est probable que ce n'est pas sa faute, mais la tienne, et si tu es puni, c'est sans doute parce que tu le mérites.

— Peut-être! mais, ce qui est certain, c'est que j'ai encore eu six mauvaises notes ce matin. Eh bien, puisque mon carnet sera mauvais samedi et que papa me grondera certainement, je ne travaillerai plus avant l'autre semaine.

— A la bonne heure! voilà un excellent moyen de réparer tes sottises. Tu déraisonnes, mon pauvre ami! Moi, au contraire, j'essaierais de les faire oublier par ma sagesse et mon application. Mais comment, en une seule classe, as-tu pu mériter six mauvaises notes?

Mais comment, en une seule classe, as-tu pu mériter six mauvaises notes?

— D'abord je suis arrivé une minute en retard; tu penses bien que, comme je sais ce qui m'attend, je ne me presse pas. Et d'une! Je n'avais pas apporté mon livre de lecture, qui est sale et déchiré, parce que, quand je m'ennuie, je dessine dans les marges ou j'écorne les feuillets. Et de deux! On lit la fabrication du pain : avoue que ce n'est pas déjà si amusant. Pour passer le temps, au lieu de me fatiguer à écouter, je mange la tartine que tu m'avais donnée pour la récréation. Et de trois! On m'interroge sur Henri IV:

c'est justement la page qui manque dans mon histoire ; naturellement je m'embrouille et je dis des sottises. Tu crois peut-être que le maître m'a aidé comme il aide tout le monde ; non ! il s'est contenté de croiser les bras, sans prononcer une parole. Qu'est-ce que tu aurais fait à ma place ?

— A ta place, je me serais excusée, et j'aurais promis de mieux apprendre ma leçon une autre fois.

— Eh bien ! moi, vexé, je me suis rassis en tapant du coude sur la table. Et de quatre ! Ensuite on explique un problème de chiffres décimaux si difficile que je n'ai pas même essayé de le comprendre. Quand il a fallu le mettre sur cahier, j'ai demandé à Lucien de me prêter son brouillon pour prendre le raisonnement, et en retour je lui ai donné le mien pour les calculs. J'espérais m'être tiré d'affaire sans trop de peine ; mais en retrouvant les mêmes fautes dans nos devoirs, le maître nous demande lequel des deux a copié sur l'autre. — « Ce n'est pas moi », dit Lucien. — « Ce n'est pas moi non plus », répliquai-je. On m'envoie refaire le problème au tableau, et comme je n'ai pas pu, cinquième mauvaise note. Pour le coup, je me fâche, je déclare que c'est injuste. « Lucien a copié aussi bien que moi. Pourquoi ne le punit-on pas ? » Et voilà la sixième. — Que veux-tu que je devienne, conclut Gaston en frappant du pied et en pleurant de colère?

— Ce que je veux, reprit la grande sœur, c'est qu'un bon enfant comme toi ne se conduise plus comme un garçon mal élevé. Tu as été inexact, négligent, dissipé, trompeur et impertinent. Ton maître ne t'a infligé qu'une mauvaise note par défaut: ce n'est vraiment pas trop. Crois-moi, va t'excuser auprès de lui tout de suite et prends l'engagement de mieux t'appliquer à l'avenir.

Le mauvais écolier se montre ingrat vis-à-vis de ses parents et de ses maîtres; il s'attire dans le présent mille ennuis et se prépare pour l'avenir de tardifs et inutiles regrets.

Exercice écrit. — **1.** De quoi se plaint Gaston en revenant de l'école? — **2.** Pourquoi est-il arrivé en retard? — **3.** Pourquoi a-t-il oublié son livre de lecture? — **4.** A quoi s'occupe-t-il au lieu d'écouter expliquer la leçon sur la fabrication du pain? — **5.** Comment se conduit-il après s'être montré ignorant en histoire? — **6.** De quelle manière s'y prend-il pour résoudre son problème? — **7.** Quelle impertinence commet-il encore? — **8.** Montrez comment sa mauvaise conduite rend Gaston malheureux. — **9.** Qu'est-ce qui peut faire espérer qu'il se corrigera?

Qui a le mieux compris?

La maîtresse expliquait au cours moyen ce qu'est la complaisance.

« Nous avons besoin les uns des autres, disait-elle; refuser un service, c'est voler un peu de bonheur; ne pas trouver l'occasion d'être agréable ou utile, c'est mal employer son temps.

— Mais, madame, dit Louise, nous sommes trop petites pour rendre de vrais services; nous avons tout ce qu'il nous faut; si par hasard quelque chose nous manque, vous nous le prêtez; nous ne pouvons donc pas être complaisantes?

— Eh bien, Louise, je crois, moi, que vous le pouvez, vous et vos compagnes; il suffit de le vouloir. Cherchez-en dès aujourd'hui les occasions; vous me direz ce soir ce que vous aurez trouvé! »

On accepta avec enthousiasme. Or, il arriva que ce jour-là personne ne fut grondé et qu'on travailla beaucoup plus que d'habitude. Aussi, quand on se mit à causer à quatre heures, chacune était contente de soi-même et des autres.

« Voyons! dit la maîtresse, qui est-ce qui n'a pas pu rendre un seul service dans la journée? Personne ne répond? A la bonne heure, tout le monde a été complaisant. A vous d'abord, Marthe, qu'avez-vous fait ?

— J'ai achevé la page d'écriture de Rose, qui n'en venait pas à bout.

— Je comprends pourquoi je n'ai pas eu à la reprendre de sa lenteur ; mais croyez-vous que ce soit un bon moyen de l'en corriger ? »

Marthe, sans répondre, baissa la tête un peu confuse.

« Et Amélie ?

— J'ai consolé ma petite sœur qui pleurait pour une mauvaise note.

— Comment avez-vous fait ?

— Je l'ai embrassée, je lui ai dit que cela ne valait pas la peine de se désoler, et que maman ne saurait rien.

— De sorte, ajouta la maîtresse, qu'une autre fois elle n'aura pas honte d'être punie.

— C'est vrai, répliqua Amélie interdite, je n'y avais pas pensé !

— Moi, continua Joséphine, j'ai prêté ma règle et mon crayon à Berthe.

— Et moi mon livre à Jeanne.

— Et moi mon papier à Sophie.

— Bon ! c'est grâce à vous que je n'ai pas perdu de temps à donner à chacune ce qui lui manquait et que j'ai pu commencer tout de suite nos leçons ; c'est bien, mais à condition que les oublieuses ne retombent plus dans leur défaut.

— Moi, reprit Lucie, j'ai fait cadeau d'une pomme à la petite Alice qui avait léché la confiture de sa tartine et qui n'avait plus que du pain sec à manger !

— Et moi, ajouta Augustine, pendant la récréation, je lui ai raccommodé sa robe qu'elle avait déchirée en jouant.

— Moi, dit enfin Louise, j'ai écouté de mon mieux les leçons ; je les ai expliquées en-

Et moi, ajouta Augustine, pendant la récréation, je lui ai raccommodé sa robe...

suite à celles qui n'avaient pas compris, quoiqu'elles aient été aussi attentives que moi.

— Eh bien, demanda la maîtresse, laquelle a rendu le meilleur service ?

— C'est Louise, Louise, crièrent ensemble toutes les élèves.

— Vous avez raison ; elle a trouvé le vrai secret de la complaisance : faire plaisir aux autres sans flatter leurs défauts. »

La vraie complaisance ne consiste pas seulement à rendre des services, mais à en rendre de vraiment utiles, avec bonne grâce et à propos.

Exercice écrit. — **1.** Rappelez la leçon de la maîtresse sur la complaisance. — **2.** Qu'est-ce qui fait croire à Louise que les petites filles ne peuvent pas se montrer complaisantes les unes pour les autres? — **3.** Racontez les divers services rendus dans la journée par Marthe, Amélie, Joséphine, Lucie, Augustine et Louise. — **4.** Pourquoi trouve-t-on que Louise a été la plus complaisante? — **5.** Quel a été pour la classe le résultat de la proposition de la maîtresse? — **6.** Comment vous conduirez-vous avec vos camarades?

Colin-maillard.

I

A cinq heures du soir, au mois de juin, la grosse chaleur du jour est passée. C'est le moment où les écoliers se rendent, pour y faire une partie, au grand pré communal dont on a fauché l'herbe. Le lieu est bien choisi, tout près du village; le ruisseau qui baigne le pré répand une délicieuse fraîcheur; des saules et des peupliers donnent leur ombrage; et il semble que la terre soit encore imprégnée de la bonne odeur des foins récemment enlevés.

— Il ne s'agit que d'organiser les jeux : comme d'habitude, c'est Francis, le fils du notaire, qui s'en charge. M. Francis se croit un personnage parce que son père est riche ; aussi entend-il commander en maître ; il se montre taquin, querelleur et brutal, toujours en quête de quelque mauvais tour à jouer à ses cama-

On organise une partie de colin-maillard.

rades. Ceux-ci ne l'aiment pas, mais ils le supportent parce qu'ils le craignent un peu.

« D'abord, décide-t-il, on va renvoyer les filles ; elles ne savent que pleurer, elles nous ennuieraient.

— Non, dit Julien, qui tient sa sœur Céleste par la main ; tu peux t'en aller si tu ne veux pas qu'elles restent. »

Les autres enfants étant du même avis, Francis est obligé de céder, et pour que les petites filles puissent s'amuser comme les garçons, on organise une partie de colin-maillard.

Il y a plusieurs façons de jouer à colin-maillard. Quand on ne dispose que de peu de place, sous un préau couvert, par exemple, ou dans une petite cour, les joueurs forment, en se tenant par la main, un cercle d'où Colin, emprisonné, ne peut sortir. De cette façon, il est assuré de ne pas se heurter aux poteaux ou aux murs et se trouve protégé contre les accidents.

Dès qu'il a pris place au milieu, la ronde tourne et roule avec des chants et des cris joyeux, jusqu'à ce qu'en marchant au hasard devant lui il ait saisi l'un de ses camarades. Alors on s'arrête, on se tait, et celui qui est pris, pour n'être pas reconnu, fait toutes sortes de grimaces et de contorsions plus risibles les unes que les autres : il se dresse sur ses pieds ou se baisse, arrondit son dos, enfonce son cou dans ses épaules, gonfle ses joues, ferme un œil, fronce le nez : s'il est reconnu, il devient Colin à son tour ; sinon, la ronde recommence autour du maladroit qui n'a pas su deviner.

Dans la prairie, comme on a de la place et qu'on ne court pas le risque d'aller se jeter contre les murs, il n'est pas nécessaire de former le cercle. Chacun est libre de ses mouvements ; on s'éparpille, on essaie, en criant de côté et d'autre, de dérouter le pauvre aveugle ; on s'approche de lui quand il s'éloigne, on fuit dès qu'il avance. C'est beaucoup plus amusant que de tourner en rond.

> Tou, iou !
> La lande est belle et l'on est fou !
> La ronde tourne on ne sait où,
> Tou !
>
> (Eug. le Mouël)

Exercice écrit. — 1. Décrivez l'endroit où les enfants vont jouer. — 2. Faites le portrait de M. Francis? — 3. Que propose-t-il à ses compagnons? — 4. Expliquez le jeu de colin-maillard. — 5. Enumérez les autres jeux que vous connaissez.

II

La petite Céleste, toujours prête à faire plaisir aux autres, a bien voulu être Colin, et les yeux bandés, les bras tendus, elle cherche en riant partout où elle entend du bruit.

« Casse-cou ! crie-t-on quand elle se dirige du côté du ruisseau ou des saules.

— Laissez-la donc aller, dit Francis, on rira bien mieux si elle se cogne ou si elle prend un bain de pieds. »

Mais comme personne ne goûte ce bel avis, il s'approche de la fillette par derrière et lui

tire si brutalement ses nattes brunes, que les
larmes lui en viennent aux yeux.

Ce n'est pas de jeu! » s'écrie-t-on; mais
Francis ne s'amuse que s'il fait le mal. Tous
ceux qui prennent successivement le bandeau
ont à souffrir de sa méchanceté. Julien tombe

Chacun s'esquive et Colin-Francis se démène dans le vide.

en trébuchant dans une grosse branche qu'il
lui jette devant les jambes; à un autre il
caresse sournoisement le cou avec des orties;
il pince jusqu'au sang les mollets d'un
troisième.

Mais enfin, il est pris à son tour, à la
grande joie de toute la bande. Pendant qu'on
lui noue le mouchoir sur les yeux, on convient rapidement de le laisser seul dans le pré.

Ainsi dit, ainsi fait : chacun s'esquive, et
Colin-Francis se démène dans le vide, agite
ses bras en ailes de moulin, s'arrête, se pré-

cipite en avant, retourne en arrière, semblable à un fou lâché au milieu de ce pré désert où il gesticule comme un pantin. Il finit par donner rudement du nez contre un des saules du ruisseau.

Surpris et furieux, il arrache le bandeau qui lui couvre les yeux : personne autour de lui. Mais au même instant, à quelque distance, des rires éclatent, des huées retentissent ; il comprend qu'on s'est moqué de lui, et sa colère redouble : « Lâches, lâches ! vous êtes tous des lâches ! mais je me vengerai. »

Il est probable qu'on ne lui en fournira pas l'occasion, car on a résolu de ne plus jouer avec lui ; il sera puni de son méchant caractère par l'isolement et l'ennui.

Les mauvais camarades ne trouvent pas d'amis.

Exercice écrit. — **1.** Comment la partie commence-t-elle ? — **2.** Pourquoi crie-t-on de temps en temps casse-cou ! à celui qui est Colin ? — **3.** Quelles méchancetés commet Francis ? — **4.** Comment ses camarades se vengent-ils de lui ? — **5.** A quelle pantomime amusante se livre-t-il ? — **6.** Quels sentiments éprouve-t-il quand il voit qu'on s'est moqué de lui ? — **7.** Quel sort attend les égoïstes et les mauvais camarades ?

Un jour de liberté.

I

L'ami Félix n'est pas content; il bougonne et grognonne d'un air rageur : « C'est trop fort! je ne peux jamais faire ce qui me plaît! Je voulais m'amuser... bon! voilà papa qui m'ordonne de balayer la cour et maman, de partir en commission. Ah! qu'il me tarde d'être grand et de devenir mon maître!

— Mais mon pauvre enfant, lui répondit son père qui l'entendait, c'est bien plus difficile que d'obéir! Tu n'en parais pas convaincu : veux-tu essayer? Dès demain, tu feras uniquement, comme tu le désires, tout ce qui te plaît, jusqu'à ce que tu demandes toi-même à te conduire d'après nos ordres! »

Félix n'en pouvait croire ses oreilles; il dormit à peine la nuit, tellement il était ému.

Dès le lendemain, cependant, tant de liberté l'embarrassa : Par où commencer? « D'abord je ne vais pas à l'école; j'aime mieux jouer!... C'est ennuyeux pourtant que mes camarades ne prennent pas vacance en même temps que moi... Bah! tant pis! je m'amuserai bien tout seul! » Et il s'en fut lentement par les rues, les mains dans les poches, en sifflant comme un merle.

Il rencontre un bon vigneron, hotte au dos, serpe en main, qui s'en allait tailler sa vigne :

« Comment, Félix, tu flânes aujourd'hui ! Si ton père le savait...

— Il le sait.

— Il a donc envie que tu deviennes paresseux ou vaurien ?

— Non, répondit-il en rougissant ; mais on n'est pas vaurien parce qu'on prend un jour de congé.

Comment, Félix, tu flânes aujourd'hui !

— Mauvaise affaire ! petit, tu perds ton temps et tu risques pis. Va vite à l'école : c'est encore le meilleur et le plus sûr. »

Celui qui ne fait rien est bien près de mal faire.

Exercice écrit. — **1.** Pourquoi Félix est-il en colère ? — **2.** Quel est son plus grand désir ? — **3.** Que lui propose son père ? — **4.** Que fait-il de sa liberté ? — **5.** Quel conseil lui donne le vigneron qu'il rencontre ? — **6.** Quels dangers court-on en flânant par les rues ?

II

Félix ne goûte pas le bon conseil du vigneron et continue sa promenade. Il aperçoit bientôt le grand Vanier, un mauvais sujet qui ne s'occupe que de braconnage, de maraude et de méchants tours.

« Comment ! c'est toi, moutard ! dit celui-ci. Nous faisons donc l'école buissonnière ? Tu as trouvé tout seul que le grand air vaut mieux que les livres ; à la bonne heure ! Viens avec moi ; nous irons au bois voir les tendues. Tiens, tu porteras mon sac ! »

Au fond, Félix n'est pas ravi de la rencontre, car son père lui a défendu de fréquenter Vanier. Mais le vaurien lui a déjà mis son sac sur l'épaule. « Après tout, se dit-il pour se tranquilliser, ce n'est pas moi qui l'ai cherché, et je m'ennuierai moins que de me promener tout seul. »

Rassuré par ce mauvais raisonnement, il se déride peu à peu, surtout à mesure que son compagnon et lui s'éloignant du village, il ne sent plus peser sur lui le regard des passants. Le grand Vanier se montrait d'ailleurs d'humeur joviale et se mettait en frais pour lui : il racontait les plaisirs de sa vie vagabonde, ses aventures de chasse, les bons tours qu'il avait joués aux gros bonnets du village, les cancans malveillants qui couraient sur chacun.

« Les beaux fruits ! dit-il subitement en s'arrêtant devant un superbe prunier. Cela donne soif...
Tiens ! ajouta-t-il en soulevant l'enfant dans ses bras, cueille-nous-en ! »

Interloqué, celui-ci étouffa ses scrupules et détacha une douzaine de prunes.

« Tu as donc peur d'en prendre, innocent ! Vas-y donc ! C'est à ce vieil avare de Morand

Tiens, cueille-nous-en !

qui nous vole nos raisins à la vendange, sous prétexte que nos vignes se touchent. Sois tranquille, il nous les doit bien. »

Et le pauvret en cueillit encore ; mais il ne mangea sa part que du bout des dents. Les prunes du prochain lui paraissaient amères.

*Dis-moi qui tu hantes,
je te dirai qui tu es.*

Exercice écrit. — **1.** Quelle rencontre Félix fait-il ?— **2.** Comment Vanier apprécie-t-il la conduite de Félix ?— **3.** Comparez ses paroles à celles du vigneron ? — **4.** Par quelles mauvaises raisons Félix se décide-t-il à accompagner Vanier ? — **5.** A quelle méchante action le pauvre enfant est-il entraîné ? — **6.** A quels dangers s'expose-t-on en fréquentant de mauvaises compagnies ?

III

Enfin, on arriva au bois. Vanier, qui connaissait chaque buisson, allait droit aux tendues, détachait les oiseaux pris, qu'il enfilait dans le sac de Félix, et rajustait ensuite les sauterelles fort adroitement.

L'enfant risqua une protestation : « Ce n'est pas à nous, dit-il avec timidité.

— C'est à tout le monde, répondit l'autre effrontément ; les oiseaux appartiennent à ceux qui les prennent.

— Mais si on nous voit ?

— Bah ! nous mettrons des champignons dessus avant de sortir du bois et nous irons directement vendre le tout à la ville. J'ai mes clients... ajouta-t-il avec suffisance.

— Mais nous ne serons pas rentrés pour midi ?

— Je te paierai un dîner à l'auberge, un bon, avec du vin... je ne te dis que cela !

— Mais mes parents seront inquiets.....

— Tu m'ennuies avec tes mais, nigaud que tu es. Quand tu rentreras, ils verront bien que tu n'es pas mort. D'ailleurs, si tu as si peur d'être grondé par ton père, je me passerai bien de toi.

— Non, répliqua Félix, se rappelant qu'il avait conquis sa liberté; papa me laisse faire tout ce que je veux. »

Soudain, un habit bleu paraît au bout du sentier : c'est le garde forestier. Comme un

Montre ton sac, dit durement le garde.

lâche, Vanier abandonne l'enfant et s'enfuit en hâte dans le taillis. Félix éperdu tente de le suivre; mais il s'y prend maladroitement et se sent bientôt saisi par le bras.

« Montre ton sac, dit durement le garde. Ah! c'est comme cela que tu te conduis, mon garçon; tu viens ici prendre des oiseaux! J'en suis fâché pour tes parents, mais nous allons trouver monsieur le maire, qui t'apprendra à ne plus voler.

— Ce n'est pas moi, c'est le grand Vanier, gémit le malheureux.

— C'est bon, c'est bon! il aura son tour; mais qui s'assemble se ressemble. Une autre fois, tu choisiras mieux tes amis! »

Toujours tenu par le bras comme un voleur, l'enfant, à demi mort de honte, dut suivre le garde chez le maire.

On lui dressa procès-verbal et, après l'avoir semoncé vertement, on le reconduisit chez ses parents pour leur raconter ses exploits.

La douleur de ceux-ci fut le dernier coup pour Félix. « Papa! supplia-t-il, pardonne-moi et donne-moi encore des ordres, j'obéirai de bon cœur à présent : je vois bien que je n'ai pas assez de courage et de raison pour me conduire moi-même. »

Nos parents savent mieux
qui nous ce qui nous convient.
Il faudrait suivre leurs
conseils par prudence et
par intérêt. Si l'affection et
la reconnaissance ne nous
faisaient un devoir de leur
obéir

Exercice écrit. — 1. Que fait le grand Vanier au bois? A quel usage destine-t-il les oiseaux qu'il prend? — 2. Quel défaut montre Félix en se laissant toujours entraîner par son compagnon? — 3. A quels nouveaux torts consent-il encore? — 4. Comment se conduit Vanier à l'arrivée du garde forestier? — 5. Qu'arrive-t-il à Félix? — 6. Montrez son repentir et ses bonnes résolutions. — 7. Pourquoi les enfants doivent-ils toujours obéir à leurs parents?

Une fête bien souhaitée.

I

Les fillettes de La Neuville aiment beaucoup mademoiselle Lorin, leur maîtresse, et celle-ci le mérite par son intelligence, son dévouement, sa douce gaieté. Elle rend les leçons si intéressantes que les élèves les plus légères les écoutent avec attention; elle explique si bien les devoirs qu'il est impossible de les mal faire, dès qu'on y apporte un peu de bonne volonté; enfin elle loue et réprimande avec tant de justesse et d'à-propos que ses reproches sont la punition la plus grave et ses éloges la récompense la plus enviée.

Nos fillettes voudraient bien montrer leur reconnaissance à leur maîtresse; mais elles sont timides et maladroites et ne savent comment s'y prendre. On ne peut pourtant pas dire crûment : « Je vous aime bien, parce que vous êtes bien bonne ! »

Enfin, Charlotte trouve un moyen qui plaît à chacune ; c'est de souhaiter sa fête à mademoiselle Lorin, demain jeudi, toutes ensemble. « Nous nous réunirons devant la grille à deux heures ; nous lui apporterons chacune un bouquet !.

— Mais je n'ai pas de jardin, dit Marie toute désolée.

— Ni moi !

— Ni moi !

— Nous vous donnerons des fleurs, reprend Charlotte.

— Non, ce ne serait pas de nous ; j'irai en chercher au bois.

— Et moi des fraises !

— Et moi des framboises !

— Et moi des herbes folles dans le grand pré ; c'est joli quand il y en a beaucoup, et on peut les conserver pendant l'hiver.

— Moi, dit Blanche, je dessinerai l'école ce soir ! Mademoiselle aura ainsi un souvenir de moi dans sa chambre.

— Moi, ajoute Françoise, la fille du vannier, je demanderai à papa un joli panier.

— Ce ne sera pas un cadeau de toi, observe Charlotte.

— C'est vrai ! alors j'apporterai mon pot de réséda ; c'est moi qui l'ai semé ; il fleurira avant quinze jours.

— Et moi, soupire Marguerite, qu'est-ce que

j'offrirai ? Je n'ai pas de jardin, je ne sais rien faire de beau, et je ne peux pas quitter mon petit frère pour aller au bois !

— Tu composeras un compliment, dit Charlotte qui a réponse à tout ; tu l'écriras sur une belle feuille blanche et tu le liras ; c'est toi qui tournes le mieux les phrases.

— Oui ! c'est cela, crient les autres.

— C'est trop difficile, balbutie Marguerite.

— Essaie toujours ! »

Là-dessus on se sépare dans un grand enthousiasme ; on voudrait déjà être au lendemain.

à une maîtresse.

Mon cœur battait à peine et vous l'avez formé ;
Vos mains ont dénoué le fil de ma pensée,
Madame ! et votre image est à jamais tracée
Dans l'âme de l'enfant que vous avez aimé.

(Mme Desbordes-Valmore)

Exercice écrit. — Faites le portrait de mademoiselle Lorin. — **2.** Pourquoi ses élèves ne savent-elles comment lui prouver leur reconnaissance ? — **3.** Exposez le projet de Charlotte et ceux des autres fillettes qu'elle entraîne. — **4.** Que trouveriez-vous à faire en pareille circonstance ?

II

Le matin suivant se passa en préparatifs fiévreux. Les unes coururent les bois et les champs ; les autres dévalisèrent leurs jardins.

Blanche effaça trois fois son dessin et Marguerite passa deux heures à composer son compliment.

On usa énormément de ficelle et de papier blanc avant d'arranger des bouquets convenables. Tout n'alla pas à merveille, tant s'en faut. Il y en eut qui tassèrent si maladroitement leurs fleurs qu'elles leur donnèrent la forme d'une cloche ; d'autres les nouèrent de façon à les perdre en route. Le pot de Françoise, où le réséda levait à peine, n'avait pas grande mine ; le dessin de Blanche ne ressemblait que de loin à une œuvre d'art.

Cependant le spectacle qu'offrait à deux heures la réunion des fillettes avec leurs présents était charmant à voir : des visages roses, animés, souriants ; de grosses bottes d'herbes fleuries, de grandes branches de seringa et de merisier, des bouquets d'œillets et de roses, enfin des assiettes de fraises et de framboises, si appétissantes que l'eau vous en venait à la bouche.

Mais au moment d'entrer, une grande timidité saisit toutes les fillettes.

« Je n'oserai jamais rien dire, déclare Marguerite, pâle d'émotion.

— Je ne trouve pas que mon bouquet soit assez beau, dit une autre.

— Ni moi que ma botte d'herbes vaille la peine d'être offerte, ajoute une troisième.

— Allons! interrompt l'audacieuse Charlotte, il ne s'agit pas d'attendre ni d'hésiter! »

« Mademoiselle, nous vous aimons beaucoup... »

Et de sa petite main elle tire vigoureusement la sonnette de la grille.

Mademoiselle Lorin arrive et demeure surprise devant ce spectacle inattendu. « Mademoiselle, dit Charlotte, nous venons vous souhaiter votre fête! » En même temps elle pousse devant elle la tremblante Marguerite : « A toi, maintenant! »

Marguerite se décide : « Mademoiselle, dit-elle d'une voix un peu palpitante, nous vous aimons beaucoup et nous vous sommes bien reconnaissantes de vos bons soins. Nous désirons vivement votre bonheur et voudrions pouvoir y contribuer. »

« Bravo ! s'écrie Charlotte ; elle a bien dit ; tout cela, c'est vrai ! »

L'institutrice tremble et pâlit un peu à son tour ; il lui vient même une larme aux yeux, mais on voit bien que c'est de plaisir. « Mes chères petites, dit-elle enfin, vous me rendez vraiment heureuse en vous montrant déjà capables de délicates attentions. » Puis elle embrasse Marguerite et ses compagnes, trouvant pour chacune et son naïf présent une louange avec un remerciement.

« Nous n'allons pas nous séparer ainsi, dit-elle. Je garde celles d'entre vous qui disposent de leur temps, et nous passerons l'après-midi ensemble. »

Toutes restèrent : on arrangea les bouquets dans le préau et, dans cette salle de fête improvisée, on dansa en chantant de délicieuses rondes, on joua les charades les plus plaisantes. Ensuite, on organisa un goûter, où l'on fit grand honneur aux fraises et aux framboises des bois ; et quand enfin il fallut se quitter, chacune emporta un joyeux souvenir et une douce émotion.

« Nous vous rendrons vos fêtes toujours plus belles, dit Charlotte en partant.

« — Soyez toujours reconnaissantes et bonnes, dit la maîtresse, et ce sera pour moi la fête perpétuelle. »

La bonne volonté,
l'affection et la reconnaissance
des enfants sont la plus
douce récompense des
maîtres

Exercice écrit. — **1.** Racontez comment les fillettes préparent leurs cadeaux. — **2.** Pourquoi leur réunion offrait-elle un spectacle agréable ? — **3.** Quelle peur les saisit au dernier moment ? — **4.** Comment mademoiselle Lorin les accueillit-elle ? — **5.** Comment faut-il reconnaître les soins et le dévouement de son maître ou de sa maîtresse ?

Deux héros.

Le récit qu'on va lire est dû à un officier prussien. C'est un épisode de la guerre franco-allemande qui mérite d'être retenu, car il fait honneur à la bravoure française :

« Le 20 septembre 1870, l'armée du prince impérial s'avançait sur Versailles, dont la prise devait compléter l'investissement de Paris.

« Le bataillon dont j'étais chef était placé

à l'avant-garde. Sur la route du Petit-Bicêtre à Versailles, nous rencontrâmes une maison isolée où rien ne semblait faire craindre une embuscade. Cependant la tête de la colonne était à peine arrivée à portée de fusil qu'un coup de feu se fit entendre, et le premier de nos soldats tomba raide mort.

« Le bataillon s'arrête, interrogeant l'hori-

On aperçoit alors un seul sergent français et un soldat debout derrière le mur.

zon pour voir si aucun corps ennemi ne paraît. Rien ne se montre. Au même instant, un second coup de feu retentit, un nouveau soldat tombe. Cinquante fois nous entendons se répéter cette détonation isolée, cinquante fois un de nos hommes est frappé d'un coup mortel.

« A la fin, j'ordonne de faire halte. Un détachement reçoit l'ordre de tourner la maison pour voir d'où partent ces coups de feu.

« On aperçoit alors un seul sergent français et un soldat debout derrière le mur. Le soldat chargeait et rechargeait sans cesse un chassepot qu'il passait au sergent. Celui-ci ne prenait que le temps d'épauler, de viser, et aucune de ses balles n'était perdue. Ainsi, ces deux hommes, seuls, privés de tout secours, avaient arrêté notre bataillon et causé ce ravage épouvantable.

« On leur fit vainement signe de se rendre. Tout fut inutile.

« Il ne restait qu'à commander le feu. Les deux braves tombèrent et le bataillon put continuer sa marche.

« De tels faits sont trop glorieux pour qu'on les passe sous silence, quelles que soient les inimitiés des nations.

« GÉRICKE,

« Lieutenant au 47e régiment de ligne de l'armée de Prusse. »

Ce témoignage dû à un ennemi ne peut être suspecté ni d'exagération, ni d'inexactitude. Il prouve, une fois de plus, que la France a le droit d'être fière de ses enfants. Combien de héros inconnus ont péri comme ceux-là durant nos dernières guerres ! Prouvons-leur notre admiration et notre reconnaissance en devenant comme eux généreux et braves, et en nous préparant à défendre comme eux notre pays jusqu'à la mort.

Ceux qui pieusement sont morts pour la patrie
Ont droit qu'à leur cercueil la foule vienne et prie.

(V. Hugo)

Exercice écrit. — **1.** Qui étaient les deux héros de ce récit ? — **2.** Où se tenaient-ils en embuscade ? — **3.** Quel mal firent-ils à l'ennemi ? — **4.** Comment furent-ils découverts ? — **5.** Que devinrent-ils ? — **6.** Que pensez-vous d'eux ? Quelles résolutions leur bravoure doit-elle vous inspirer ?

Ma première campagne.

RÉCIT D'UN OFFICIER

I

A douze ans, j'avais pour compagnon et pour ennemi au collège un jeune Bavarois, nommé Frédéric. Il était grand, robuste, mais lent et lourd. J'étais plutôt petit, pâle, mais nerveux et actif.

Nos caractères différaient autant que nos physionomies. Frédéric se montrait orgueilleux et violent ; j'étais surtout moqueur et taquin. Je le criblais de plaisanteries auxquelles il ne savait que répondre, et ses rages silencieuses et impuissantes faisaient mes délices.

Un seul trait nous était commun, un amour fanatique pour notre patrie ; mais il ne servait qu'à nous désunir. Nous ne manquions pas une occasion d'opposer l'Allemagne à la France. Je n'apprenais l'histoire que pour citer à mon ennemi nos triomphes, la géographie que pour lui démontrer la supériorité de mon pays. Je raillais les Allemands et vantais les Français avec une persistance irritante. Si nous n'avions pas été surveillés, nos querelles auraient sans cesse dégénéré en batailles.

Un jour de promenade, on nous dirigea vers les ruines d'un donjon féodal, qui dominent une colline abrupte. J'avais Frédéric pour compagnon de route, et, selon mon habitude, je le taquinais, je l'agaçais par des moqueries, qui n'étaient, il faut le reconnaître, ni justes ni spirituelles. Il rougissait, grommelait, serrait les poings d'un air menaçant, et je ne me sentais pas d'aise.

Au pied de la colline, on nous permit de nous débander et de jouer à notre gré. J'avisai un petit sentier raide qui montait jusqu'aux ruines presque en ligne droite. « A nous deux ! dis-je au Bavarois ; lequel du Français ou de l'Allemand arrivera le premier là-haut ? »

Il s'élance, mais, plus leste et plus adroit que lui, je grimpe plus vite, et, chantant à plein gosier la *Marseillaise*, je le dépasse bientôt. Arrivé au but, je me dressai triomphalement sur un vieux pan de mur : « A bas l'Allemagne ! criai-je à mon rival humilié

et essoufflé, vive la France ! Toujours victorieuse, la France !

— Sauf en 70 ! » répliqua Frédéric.

C'était la première fois qu'il trouvait quelque chose à me répondre. Je me sentis pâlir de colère : « Ah ! tu te mêles de parler de 70. C'est parce que vous étiez

Arrivé au but, je me dressai triomphalement sur un vieux pan de mur.

dix contre un, que vous nous avez vaincus. Ici nous sommes seul à seul ; tu représentes l'Allemagne, moi, la France ; nous allons nous battre ! Je la vengerai, moi, la défaite de 70 ! »

Gloire à notre France immortelle !
Gloire à ceux qui sont morts pour elle !

(V. Hugo.)

Exercice écrit. — **1.** Que savez-vous de l'auteur du récit ? — **2.** Que savez-vous de Frédéric ? — **3.** Quel était le sujet le plus fréquent de leurs discussions ? — **4.** Dans quelles circonstances éclata leur dernière querelle ? — **5.** Comment Frédéric répondit-il aux attaques de son ennemi ? — **6.** Que fit alors celui-ci ?

II

« Hardi ! » crie mon ennemi, et nous voilà à l'œuvre. Nous nous jetons l'un sur l'autre, poings fermés, et frappons en aveugles et en furieux. J'ai bientôt l'œil poché et Frédéric le

Nous perdons l'équilibre et nous roulons l'un sur l'autre le long de la pente.

nez enflé et saignant. Notre ardeur belliqueuse ne se ralentit pas pour si peu. Elle redouble, au contraire, jusqu'à ce que, oubliant de regarder à nos pieds, nous perdons l'équilibre et roulons l'un sur l'autre le long de la pente, heureusement gazonnée en cet endroit.

Tantôt dessus, tantôt dessous, je ne lâche

pas mon adversaire et continue à le frapper.

Nos camarades, arrivés à mi-côte par la route, poussaient des cris d'horreur et d'épouvante que j'entends encore. Enfin un buisson nous arrêta. Grâce au ciel ! la France maintenait sous elle l'Allemagne vaincue et ahurie. « Vive la patrie ! » criai-je encore au moment où on dégagea Frédéric de mon étreinte.

« Vous êtes fou ! » me dit sévèrement le maître. Il releva mon rival, mais dans quel piteux état ! étourdi par les coups que je lui avais donnés, les vêtements salis et déchirés, le visage et les mains ensanglantés par les petits cailloux que nous avions rencontrés dans notre dégringolade.

Ce spectacle me rendit un peu de sang-froid. Je me regardai moi-même.

Hélas ! je n'étais guère plus brillant ! On nous fit laver et rafraîchir à la première source, puis nous reçûmes l'ordre de marcher l'un en tête, l'autre en queue du peloton, jusqu'à l'arrivée au collège.

Immédiatement appelé par le Principal, j'eus à rendre compte de ma conduite. J'étais l'agresseur ; mon naturel taquin, ma rage de patriotisme ne laissaient aucun doute à cet égard. Je ne songeai d'ailleurs pas à dissimuler mon action ; je m'en vantai, au contraire.

« J'ai voulu prendre la revanche de 70, déclarai-je, et combattre pour ma patrie !

— Vous vous êtes montré brutal et insensé, répondit le Principal. Attendez pour vous battre que vous soyez homme et soldat. Hors le cas de guerre ou de légitime défense, toute agression est inutile et sauvage, et, de la part d'un enfant, ridicule. Tâchez de ne plus l'oublier. »

Je fus pendant une semaine séparé de mes compagnons pour l'étude du soir et, relégué seul dans une salle inoccupée, j'eus le temps de réfléchir à la leçon que je venais de recevoir. Je finis par la comprendre, et quand ma punition prit fin, je me réconciliai avec Frédéric.

Ce n'est point par l'insulte et la violence qu'on honore et qu'on fait respecter sa patrie, mais par la sagesse, l'humanité et le travail.

Exercice écrit. — **1.** Comment se termina la lutte entre les deux combattants ? — **2.** Dans quel état se trouvaient-ils ? — **3.** Quels soins prit d'eux leur maître ? — **4.** Comment le Français expliqua-t-il sa conduite au Principal ? — **5.** Quelle fut la réponse de celui-ci ? — **6.** Comment vous conduirez-vous en temps de paix vis-à-vis des étrangers ?

Du danger qu'il y a à trop aimer le chocolat.

Élise a un faible pour le chocolat. Mon Dieu, oui ! quoiqu'elle sache bien que la gourmandise, pardonnable aux tout petits qui ne connaissent pas encore d'autre joie, commence à n'être plus permise à une grande fille de dix ans, Élise adore le chocolat sous toutes ses formes : dragées au chocolat, chocolat en pastilles, chocolat en bâtons, en tablettes, à la crème, à la vanille, etc., etc. Le chocolat praliné surtout, qui fond dans la bouche avec tant de douceur, exerce sur elle un charme irrésistible.

Chaque dimanche, dès qu'elle a reçu de ses parents, comme son frère Pierre et sa sœur Olga, sa pièce de cinquante centimes, elle court en cachette acheter chez le confiseur les délicieux bonbons ; la pièce tout entière y passe. Puis, enfermée dans sa chambre à l'abri des regards indiscrets, elle en savoure une partie et met précieusement le reste en réserve dans une cassette dont elle garde toujours la clef dans sa poche.

« A quoi donc emploie-t-elle son argent ? se demandent Pierre et Olga, on ne lui voit jamais dépenser un centime ! elle doit être riche comme Crésus. Dis, qu'est-ce que tu fais de tes sous, petite avare ? »

Mais Élise ne livre pas son secret : il lui faudrait partager son chocolat avec sa sœur et son frère. Elle aime mieux, d'ailleurs, passer pour avare que pour gourmande ; elle aurait honte qu'on connût son défaut, ce qui permet d'espérer qu'elle s'en corrigera bien-

Olga, qui ramasse la montre, constate aussitôt qu'elle s'est arrêtée.

tôt ; car la honte du mal est le commencement de la sagesse.

Un accident arrivé à son frère la guérit tout à fait.

Un jour, Pierre, intrépide joueur et quelque peu désobéissant, s'avisa de grimper au gros pommier de la cour afin d'avoir le plaisir de goûter en plein air.

« Tu sais bien qu'on t'a défendu de monter

sur les arbres, » lui dirent à la fois ses deux sœurs.

Pour toute réponse, d'un seul élan vigoureux, il s'installe sur la première fourche ; mais en même temps sa montre, dont la chaîne s'est accrochée à une branche sèche, se détache brusquement de son gilet et tombe à terre. Olga, qui la ramasse, constate aussitôt qu'elle s'est arrêtée.

La gourmandise ne nous procure qu'un plaisir grossier qui nous ravale au rang des bêtes.

Exercice écrit. — **1.** Pourquoi pardonne-t-on aux petits enfants d'être un peu gourmands ? — **2.** En quoi Élise se montre-t-elle gourmande ? — **3.** Que supposent Pierre et Olga sur l'emploi qu'elle fait de son argent ? — **4.** Qu'est-ce qui permet d'espérer qu'elle se corrigera bientôt ? — **5.** Dites ce que vous savez du caractère de Pierre et d'Olga ? — **6.** Racontez comment la montre de Pierre s'est cassée.

II

Nos trois amis sont désolés. Pierre, déjà descendu de son perchoir et pâle d'émoi, ouvre sa montre, la referme, la secoue... rien n'y fait : elle ne marche plus. Il tente de la remonter, elle résiste. « Le ressort est cassé, dit-il ; je vais être terriblement grondé et puni. Ma foi, tant pis ! je raconterai que c'est un camarade qui me l'a brisée.

— Tu mentirais ! s'écria Olga, rouge de honte à cette seule idée ; ce n'est pas possible ! mieux vaudrait demander à l'horloger de la raccommoder pour demain ; d'ici là, papa ne s'apercevra peut-être de rien.

— Et qui le paiera, ton horloger ? Cela coûtera au moins trois francs et ma tirelire est à sec. J'ai donné hier mes pauvres économies à un ramoneur qui n'avait pas de souliers.

— Et moi, reprit Olga, je viens justement d'acheter un gros cahier pour y copier des poésies ; il ne me reste plus qu'un

« En effet, tu as raison de pleurer, il n'y a pas de quoi être fière. »

franc. Mais qu'est-ce que cela fait ? Élise est riche ; sa cassette est bien garnie !

— Je n'ai rien, au contraire, absolument rien, répondit celle-ci toute confuse. Et le cœur gros, désespérée de ne pouvoir point, par sa faute, venir en aide à son frère qu'elle aime tant, elle avoue, avec des larmes dans

les yeux, à quoi elle employait sa petite for-
tune, tout entière gaspillée à acheter du chocolat. Combien elle le regrettait aujourd'hui !

— En effet, tu as raison de pleurer, dit
Olga sévère ; il n'y a pas de quoi être fière. »
Quant à son frère, il ne lui adressa pas une
parole ; seulement il la regarda d'un air de
reproche qui la fit sangloter plus fort.

Pierre ne mentit pas ; mais il fut grondé et
puni. Il n'eut pas de récréation le jour suivant
et ne reçut pas sa pièce de cinquante centimes le dimanche avant que la réparation de
la montre fût payée. Élise souffrit plus que
lui de ce châtiment qu'elle s'affligeait de
n'avoir pu empêcher à cause de sa gourmandise. Il fallut, tant qu'il dura, que Pierre
acceptât d'elle la moitié de ses piécettes
blanches pour la consoler un peu.

Depuis cette aventure, elle dépense moins
en bonbons, et quand, par hasard, elle en
achète, elle laisse sa cassette toujours ouverte
et les partage généreusement avec son frère
et sa sœur.

*Le gourmand gaspille son
bien et se prive ainsi de
plaisirs infiniment plus
délicats que celui de manger
de bonnes choses*

Exercice écrit. — **1.** Quelle pensée vint à Pierre pour expliquer l'accident arrivé à sa montre ? — **2.** Que propose Olga ? — **3.** Pourquoi ni l'un ni l'autre n'ont-ils plus d'argent ? — **4.** Comment Élise fut-elle punie de son défaut ? — **5.** Comment répara-t-elle sa faute ? — **6.** Quelle résolution vous inspire son exemple ?

Histoire d'une cuillerée de miel.

René passe les vacances de Noël chez son oncle à la campagne. Il est ravi de s'ébattre à son aise dans d'immenses salles quatre fois vastes comme les pièces qu'il habite en ville avec ses parents.

« Tu peux courir partout, lui a dit son oncle, sauf dans la chambre aux provisions ! »

« La chambre aux provisions ! reprit à part lui l'enfant étonné ; on a ici une chambre tout entière pour les provisions ! »

Que peut-elle donc contenir et pourquoi lui défend-on d'y pénétrer ? Est-ce qu'on craint qu'il ne la mette au pillage ! il n'est pas un voleur, pourtant ! Plus il y pense, plus il trouve qu'il est ridicule de lui en interdire l'accès ; plus aussi il se sent tourmenté du désir d'y entrer et de voir ce qu'elle renferme.

Pourtant, le premier jour, il résista à sa curiosité ; mais le lendemain, n'y tenant plus, il grimpait lestement l'escalier qui conduit à la chambre mystérieuse.

Par hasard on en avait laissé la porte

ouverte. Quel spectacle! c'est un vrai pays de Cocagne. Sur de grandes claies d'osier, posées à terre, s'alignent des pommes, des poires, des pruneaux, des fruits secs. Au plafond sont suspendues des grappes de raisins parfaitement conservées. Une caisse renferme des saucisses enfouies dans la cendre; d'autres plus grandes, rangées le long du mur, sont remplies d'œufs cachés dans du son. Enfin, sur des rayons s'étend en bel ordre un régiment de pots de confitures de toutes sortes avec quelques pots de miel.

Au même moment, l'oncle apparaît.

Oh! ce miel! on en a servi hier à table, au dessert : qu'il est bon! Justement, le dernier pot est entamé; il en sort une fine odeur que René reconnaît bien et qui lui fait venir l'eau à la bouche. Une cuiller de bois, fichée au milieu, rend la tentation irrésistible. Il la retire pleine de miel et la porte à ses lèvres.

« René! René! crie l'oncle, où es-tu?»

Il monte, il arrive, le voilà! Éperdu, René essaie de faire disparaître la cuiller dans sa poche; le manche s'obstine à n'y pas entrer. Au même moment, l'oncle apparaît.

« Comment! tu es là! je ne te gronde pas pour cette fois; mais n'y reviens plus!

— Je n'ai rien pris, répond l'enfant.

— Je ne t'accuse pas..... mais à quel usage destines-tu cet instrument, ajoute l'oncle en tirant de la poche du coupable la cuiller accusatrice? Désobéissant d'abord, puis voleur, puis menteur! »

René baissa la tête et implora son pardon qui lui fut accordé en raison de son repentir; il ne sera plus ni curieux, ni gourmand, il a eu trop de honte et trop de chagrin.

La curiosité peut nous entraîner à commettre bien des fautes : elle nous vaut toujours la méfiance des autres et nous attire parfois des mésaventures.

Exercice écrit. — **1.** Dites ce que vous savez et ce que vous pensez du caractère de René. — **2.** Pourquoi s'amuse-t-il beaucoup chez son oncle? — **3.** Par quelles raisons se décide-t-il à entrer dans la chambre aux provisions? — **4.** Que voit-il dans cette chambre? — **5.** Qu'y fait-il? — **6.** Comment aurait-il pu éviter sa mésaventure?

Histoire d'une paire de bas.

Louise fait sa visite quotidienne à la mère Catherine, une pauvresse cassée par l'âge et les fatigues, qui vit misérablement d'aumônes et souffre de douleurs dans les membres au point de pouvoir à peine se traîner.

La bonne petite, depuis un an, entre chaque jour à onze heures chez sa vieille amie pour lui ranger son ménage, et je vous assure qu'il est bien tenu, car Louise est aussi active et soigneuse que bonne ; on le devine rien qu'à la voir si proprette et tirée à quatre épingles. Pas un accroc à sa robe, ni une tache à son tablier ; ses souliers sont si bien cirés qu'ils reluisent comme des bottines vernies. Quant à ses livres et à ses cahiers, couverts et soigneusement rangés, ils paraissent toujours neufs, malgré un long usage.

A peine entrée, Louise sort de son cartable un paquet qu'elle étale aux yeux de la bonne vieille.

« Qu'est-ce que c'est ? demande celle-ci. Des bas de laine ? Où as-tu eu cela ?

— C'est pour vous, Catherine ; ils vous tiendront chaud cet hiver, et vous savez, c'est moi qui vous les donne.

— Petite, dit la pauvresse avec inquiétude, comment ces bas sont-ils à toi ? Tes parents ne sont pas riches, je ne veux pas que tu leur fasses tort pour moi.

— Mais, Catherine, c'est moi qui les ai tricotés.

— Et la laine ?

— Je l'ai achetée avec mes économies. Maman nous donne à chacun deux sous par semaine pour nos plumes et nos cahiers. J'ai si bien épargné les miens que je n'ai presque rien dépensé depuis quatre mois, et que j'ai économisé ainsi vingt et un sous. Et puis j'ai vendu, il y a trois semaines, pour quinze sous de chiffons et de vieux os ; comme c'est moi qui les amasse, on m'en laisse le produit.

Qu'est-ce que c'est ? demande Catherine.
Des bas de laine ?

Vingt et un et quinze font trente-six : il m'a fallu seulement trente-deux sous de laine pour vos bas que j'ai tricotés à l'école ou en gardant les chèvres. Vous voyez bien, ajouta-t-elle le cœur un peu gros, que je n'ai fait tort à personne et que je ne me suis même pas ruinée pour vous.

— Embrasse-moi vite alors, dit la vieille tout émue ; tu es une brave petite, patiente et attentive ; tu es économe, non pour toi, mais pour les autres ; j'espère bien que plus tard, devenue riche et toujours bonne, tu seras la providence des **malheureux**.

L'économie permet de faire efficacement la charité et la rend plus méritoire.

Exercice écrit. — **1.** Qu'est la mère Catherine ? — **2.** Comment Louise lui rend-elle service ? — **3.** Quelles sont, outre sa complaisance, les autres qualités de Louise ? — **4.** Comment s'est-elle procuré assez d'argent pour acheter de la laine et fabriquer une paire de bas à sa protégée ? — **5.** Quelle inquiétude éprouve Catherine en recevant le cadeau de Louise ? — **6.** Que pense-t-elle après que Louise l'a rassurée ? — **7.** Que ferez-vous pour vous procurer les mêmes plaisirs que Louise ?

Le sort des bons conseils.

« Tu n'es qu'un imprudent, Marc, disait le bon vieux Joseph à un jeune tailleur de pierre qui venait d'entrer en ménage ; tu gagnes six francs par jour et tu dépenses tout, quand il serait si facile et si sage d'en mettre deux ou trois de côté. Le chômage, la maladie peuvent arriver, sans compter les petits enfants qu'il faudra nourrir et élever, et auxquels tu ferais bien de songer.

— Bah! père Joseph! vous voyez les choses de trop loin. Nous sommes robustes tous deux et nous n'avons pas envie d'être malades. Laissez-nous jouir de notre jeunesse. Quand profiterons-nous de la vie et des plaisirs, si ce n'est maintenant? Une fois vieux, on n'a plus de goût à rien! Est-ce qu'il ne sera pas temps de s'occuper des enfants lorsqu'ils seront venus? Quant aux chômages, je ne les crains guère;

Marc, songe à l'avenir!

car j'ai, comme on dit, plus d'une corde à mon arc; et si le travail ne donne plus d'un côté, je saurai bien en trouver de l'autre!

—Marc, répétait encore le vieillard quatre ou cinq ans plus tard, songe à l'avenir! Te voilà déjà trois fois père de famille; l'ouvrage se paie moins bien qu'autrefois, et tu es trop accoutumé à ton métier pour être capable à présent de te mettre à d'autres besognes.

Oblige-toi à économiser au moins vingt sous chaque jour : si cela te gêne un peu, cela te garantira un peu aussi contre les accidents possibles. »

Mais ces conseils si sages eurent le sort des premiers ; Marc ne fit qu'en rire : « Plus tard, père Joseph, plus tard ! quand les enfants devenus grands gagneront de l'argent comme moi. Pour le moment, ils ont plus besoin de bons vêtements et de bonne nourriture que de livrets de caisse d'épargne. Vous les connaissez, mes gaillards ? c'est solide comme père et mère et ça mange comme de petits loups. Et vous voulez que, sous prétexte de précautions pour l'avenir, je leur impose des privations ! Non, non, je ne m'en sens pas le courage. »

Le petit ménage continua donc d'user au jour le jour ses ressources. Tout alla bien tant que parents et enfants furent en bonne santé. Mais, hélas! la maladie vint et avec elle son cortège d'épreuves. Par un gros hiver le père prit une fluxion de poitrine au moment même où un quatrième fils lui naissait ; et quand encore convalescent, à peine guéri, il voulut retourner au chantier, un autre y avait pris sa place. Il connut les recherches de travail inutiles, les jours sans ouvrage et presque sans pain, la misère, le désespoir.

Ah ! comme ils étaient vite arrivés, les

malheurs qu'on n'avait pas voulu prévoir, les temps douloureux annoncés par le vieux Joseph ! Le nouveau-né mourut ; les aînés pâlirent et maigrirent ; si leur affection mutuelle n'avait soutenu et relevé leur courage, Marc et sa femme n'auraient pas résisté à tant de chagrins.

Au milieu de leur détresse, leur vieil ami, qu'ils regrettaient maintenant de n'avoir pas écouté, les secourut de son mieux de ses pauvres ressources. Il eut même la délicatesse de ne plus leur donner de conseils : l'expérience avait été un meilleur et un plus rude maître que lui.

Il est prudent de ne pas dépenser tout ce qu'on gagne. L'avenir est incertain : épargnons pour nous assurer l'indépendance, la tranquillité et un peu de bien-être pendant les mauvais jours.

Exercice écrit. — **1.** Comment vous représentez-vous le vieux Joseph ? — **2.** Faites le portrait de Marc. — **3.** Quels conseils donne le premier au second ? — **4.** Que lui répond Marc? que faut-il penser de sa réponse? — 5. Quels malheurs frappent le jeune ménage? Montrez que de tels accidents sont ordinaires. — 6. En quoi le vieux Joseph a-t-il agi avec délicatesse? — 7. Quelle résolution vous inspire l'exemple de Marc?

Où Henri apprend à compter.

LA MAMAN. — Comment! encore trois sous pour un cahier et des plumes? Mais tu as acheté exactement les mêmes choses avant-hier. Qu'en as-tu fait?

HENRI. — Tiens, voilà mon cahier fini.

LA MAMAN. — Il n'a plus que quatre feuilles. Où sont les autres?

HENRI. — Je m'en suis servi pour des brouillons de devoirs et les opérations de mes problèmes.

LA MAMAN. — Le premier bout de papier venu aurait suffi. Et pourquoi tant de titres énormes et inutiles dans ce cahier? Tout cela, c'est de la besogne de mauvais écolier. Montre-moi tes plumes.

HENRI. — J'en ai donné deux à Jules et j'ai jeté les autres. Elles ne valaient plus rien.

LA MAMAN. — Tu me feras le plaisir désormais, quand tu voudras des plumes neuves, de me rapporter les anciennes.

HENRI. — Si tu me grondes, je n'oserai plus te dire ce qu'il me faut encore.

LA MAMAN. — Il te faut encore autre chose?

Henri. — Oui, une histoire : il manque quinze feuillets à la mienne, et voilà deux fois que je ne sais pas ma leçon à cause de cela et que je suis puni.

La maman. — Et où sont ces feuillets ?

Henri. — Je ne sais pas ; ils se sont décousus tout seuls ; ils ont dû se perdre.

La maman. — Tu emprunteras une histoire à un ami pour les recopier ; nous ne pouvons pas t'acheter sans cesse des livres neufs. Mais qu'est-ce que cet accroc à ton pantalon ?

Henri. — Je me suis déchiré en grimpant sur un arbre de la cour pour y reprendre le ballon de Georges qui y était resté.

La maman. — Comme si on n'aurait pas pu l'en faire tomber avec une perche ! Je

Ton insouciance et ton désordre nous causent grand chagrin et grand tort.

passerai plus d'une heure à réparer tout cela, c'est sûr. Écoute, Henri, je veux te parler sérieusement. Ton insouciance et ton désordre nous causent grand chagrin et grand tort. Compte plutôt : cahier et plumes, quinze centimes ; le produit d'une heure de mon travail, vingt-cinq centimes ; si je te rachetais une histoire neuve, deux francs ; total, deux francs quarante gaspillés en un seul jour et par ta faute. Or, nous sommes ici cinq à vivre du gain de ton père et du mien, qui ne s'élèvent ensemble qu'à six francs. Veux-tu donc que nous souffrions tous de ton manque de soin ? Est-ce ainsi que tu espères nous dédommager de nos peines et préparer ton avenir ? Pense un peu plus à nous, si tu nous aimes, et deviens plus économe.

L'enfant qui gaspille est une lourde charge pour ses parents et les oblige à un travail excessif et à des privations qu'il devrait leur épargner.

Exercice écrit. — **1.** Qu'est-ce qu'Henri a fait de ses plumes, de son cahier, de son livre d'histoire ? — **2.** Comment a-t-il déchiré son pantalon ? — **3.** Quels défauts révèlent en lui tant de désordres ? — **4.** Que lui dit sa mère ? — Quel danger présentent pour son avenir ses habitudes de gaspillage ? — **6.** Quelle résolution son exemple vous inspire-t-elle ?

Le brodequin de Maurice.

I

A l'école de la Vallée, il existe une section de gymnastique et de marche, composée d'une quinzaine des meilleurs élèves de la grande classe. En faire partie est un honneur très envié.

« Les Quinze » ont un joli costume : casquette blanche à galon rouge, avec couvre-nuque contre le soleil, vareuse bleu foncé, brodequins montants qui serrent à la cheville un pantalon de treillis, au dos le sac de toile à voile, léger et commode pour porter les provisions.

Tous les jeudis, dès la belle saison revenue, la section exécute une marche de huit ou dix kilomètres sous la direction de l'instituteur, et en profite pour visiter soit une usine, soit une exploitation agricole. Une fois par mois, on organise une grande excursion. La veille, une affiche collée sous le préau en indique l'itinéraire et le but, avec les noms des élèves admis à y prendre part ; car ceux-là seuls figurent sur la liste dont la conduite et le travail ont été irréprochables. Nulle récompense n'est plus désirée et n'excite autant d'émulation.

Or, depuis le début de l'année, Maurice, l'un des Quinze, gymnaste intrépide et marcheur déterminé, n'avait pas vu une seule fois son nom sur l'affiche. Ce n'est pas qu'il fût un mauvais écolier : il ne commettait pas de faute assez grave pour être privé des promenades ordinaires ; mais toujours quelque peccadille, légèreté ou négligence, le faisait rayer du nombre des excursionnistes.

Enfin, le mercredi 25 avril, après un mois de sagesse et d'efforts, il arriva bon premier en tête de la liste. Sa joie fut d'autant plus vive que l'excursion promettait d'être charmante à en juger par le programme suivant : Ordre du jour du jeudi 26 avril. — Excursion à Rosemont : 12 kilomètres. — Départ de l'école à six heures et demie ; halte à la ferme de Trois-Fontaines vers neuf heures. — Ascension de la montagne ; dîner au sommet à midi et repos. — Retour à deux heures. On recueillera des fossiles pour le musée et des plantes pour l'herbier.

Sa joie fut d'autant plus vive que l'excursion promettait d'être charmante.

Maurice était assuré d'avance d'avoir le consentement de ses parents. En effet, lorsque, de retour à la maison, il leur annonça la bonne nouvelle, ceux-ci, presque aussi heureux que lui-même, lui accordèrent sans peine la permission nécessaire. Il soupa gaîment, et après avoir fait promettre à sa mère de l'éveiller dès la pointe du jour, il alla se coucher et s'endormit bientôt d'un sommeil léger.

Enfants ! aimez les champs, les vallons, les fontaines,

Les chemins que le soir emplit de voix lointaines,

Épelez dans le ciel plein de lettres de feu,

Et quand un oiseau chante, écoutez parler Dieu.

(V. Hugo.)

Exercice écrit. — **1.** Dites ce qu'était la section de gymnastique à l'école de la Vallée. — **2.** Comment obtenait-on la faveur de prendre part aux excursions ? — **3.** Pourquoi Maurice en était-il souvent privé ? — **4.** Que pensez-vous de l'ordre du jour du 26 avril ? — **5.** A quoi servent les herbiers et les musées scolaires ? — **6.** Qu'est-ce qui devait rendre la joie de Maurice plus vive ?

II

Le lendemain à 5 heures, au premier appel, Maurice sauta à bas du lit. Tout de suite il regarda par la fenêtre qui s'ouvrait sur le jardin et poussa un cri de joie ; le soleil se levait dans un ciel sans nuage, un vent léger soufflait. Au fond du verger, sur la haie de sureau, sifflait un merle. Maurice lui donna la réplique

tout en s'habillant; siffle, siffle, joyeux merle!
la journée s'annonce bien pour les oiseaux et
pour les écoliers.

Soudain une inquiétude le saisit au moment
de mettre ses brodequins. En les enlevant
après la promenade de jeudi dernier, il s'est
aperçu que la semelle de l'un deux était
décousue. Or au lieu d'agir en garçon soigneux
et de le porter au cordonnier, il s'est empressé
de le jeter au fond de son armoire, et depuis,
il n'y a plus pensé. Bah! cela tiendra bien
encore aujourd'hui; avec un peu de précautions, en choisissant pour marcher les endroits
commodes, la fente ne s'agrandira pas et personne ne s'apercevra de rien.

Sous le préau de l'école, sac au dos et
frémissant d'impatience, les Quinze attendent
le signal du départ. En avant! La petite troupe
traverse le village en bon ordre, admirée au
passage des mères sur le seuil de leurs portes;
elle ne rompt ses rangs qu'après avoir dépassé
les dernières maisons, au pied de la longue
montée qui mène à Rosemont.

L'endroit est des plus pittoresques. Au
milieu d'une vallée étroite, resserrée entre
des collines, coule en chantant la rivière aux
eaux limpides et miroitantes sous le soleil du
matin. Sur les bords, des prairies verdoient; à
droite s'étagent des vignes déjà bourgeon-
nantes; à gauche, la route s'élève en pente

douce parmi des jardins et des vergers fleuris.
A mesure qu'on monte, l'horizon s'élargit; on
découvre au loin des cultures, des fermes, des
villages dont on cherche les noms sur la carte.
Puis brusquement, à un coude du chemin qui
s'enfonce dans une tranchée, on tourne le dos
à la rivière et on débouche sur le plateau.

La petite troupe traverse le village en bon ordre.

Voilà Trois-Fontaines avec ses pâturages, ses
champs et les toits rouges de ses granges; par
derrière, la montagne se dresse presque à pic,
semblable à un cône immense et revêtue
comme d'une robe verte d'une superbe forêt.
Par cette belle matinée d'avril le tableau est
saisissant; la petite troupe pousse un cri d'admiration et fait halte un instant pour le
contempler.

Maurice, lui, contemple son brodequin qui bâille lamentablement. C'est un spectacle moins agréable que celui de ce beau plateau ensoleillé; mais il ne peut en détacher sa pensée ni ses yeux. La couture a cédé graduellement sous l'effort du pied; déjà la semelle ne tient presque plus; tout à l'heure elle se détachera, et le malheureux Maurice, qui, sans oser rien dire, se repent déjà cruellement de sa négligence, se demande avec angoisse comment il achèvera la journée.

Couché dans l'herbe verte, au penchant des collines

Qui de vous n'a passé de ces heures divines

À voir les champs, les bois, l'horizon spacieux,

La beauté de la terre et la splendeur des cieux?

(Autran)

Exercice écrit. — **1.** Comment la journée commence-t-elle pour Maurice? — **2.** Pourquoi se sent-il tout à coup inquiet? — **3.** Racontez le début de la promenade. — **4.** À votre avis, qu'est-ce qui devait le plus intéresser les excursionnistes? — **5.** Comment expliquez-vous qu'ils découvrent tout à coup Trois-Fontaines? — **6.** Pourquoi Maurice ne partage-t-il pas la joie de ses camarades?

III

En route pour Trois-Fontaines ! La caravane
se remet en marche avec une nouvelle ardeur.
Au lieu de suivre le chemin à voitures, on
coupe au court par un sentier un peu rocail-
leux, mais tout bordé d'un côté de genêts et
d'aubépines, tandis que de l'autre un ruisseau
descendu de la ferme chante parmi les menthes et les myosotis. On respire la bonne
odeur des fleurs sauvages, on trempe ses
mains dans l'eau fraîche et limpide, on tâche
de découvrir, sans les effaroucher, les oiseaux
qui gazouillent au milieu des buissons. On rit,
on se récrie, on s'extasie à chaque pas et,
d'une voix unanime, on proclame qu'il serait
impossible de trouver un sentier plus charmant.

Maurice, lui, à l'arrière-garde, n'a pas le
temps de jouir de toutes ces belles choses ; il
est trop occupé à choisir la place où il posera
le pied ; il avance avec mille précautions, en
appuyant sur le talon ; il ne voit que les cailloux du chemin qu'il s'agit d'éviter ; il n'entend
que le clic-clac de sa semelle qui s'abaisse et
se relève à chaque pas avec une régularité
désespérante. Dieu ! qu'il lui semble long et
fatigant, l'affreux sentier pierreux !

Enfin on arrive à la ferme. Pendant que ses

camarades boivent une tasse de lait frais, visitent les vastes étables où les bœufs ruminent, les bergeries pleines de moutons bêlants et la basse-cour où grouillent fraternellement poules, canards, dindons et pigeons, Maurice, assis à l'écart, s'ingénie à fixer fortement à son brodequin au moyen d'une ficelle la semelle malencontreuse. Il multiplie les nœuds et les tours... fait quelques pas... cela

Maurice, assis à l'écart, s'ingénie à fixer fortement à son brodequin au moyen d'une ficelle la semelle malencontreuse.

semble solide; et quand un coup de clairon donne le signal du départ pour l'ascension de la montagne, il prend sans trop d'inquiétude son rang parmi ses compagnons.

On a décidé de piquer tout droit jusqu'au sommet à travers les sapins, dont les troncs se dressent vers le ciel, semblables à une gigantesque colonnade qui soutiendrait une voûte de sombre verdure. A l'assaut! on escalade les éboulis de rochers, on franchit les grosses racines à fleur de terre; qui atteindra le premier le haut de la montagne? « Allons, Maurice, du courage! on ne vous reconnaît plus, vous n'avancez pas! » Maurice, hélas! ne peut plus avancer. La ficelle, bientôt coupée par les pierres, a cédé; et chaque fois qu'il pose le pied, la semelle de son brodequin se replie sur elle-même : impossible dans ces conditions de continuer la marche.

Le cœur gros et les larmes aux yeux, il lui fallut laisser ses compagnons finir l'excursion sans lui. Il redescendit péniblement à la ferme, heureux encore que le fermier, qui avait affaire au bourg, le prît dans sa voiture et le ramenât chez ses parents.

« Tu vois, lui dit sa mère, ce qu'il t'en coûte pour avoir été négligent; des chaussures à peu près perdues et une journée de plaisir gâtée par ta faute. »

Une petite négligence peut avoir les conséquences les plus fâcheuses.

Exercice écrit. — 1. Qu'est-ce qui rend si agréable le sentier suivi par la caravane? — 2. Pourquoi Maurice n'en jouit-il pas? — 3. Que font ses camarades à la ferme? — 4. A quoi s'occupe Maurice? — 5. A quoi ressemblent les sapins de la forêt? — 6. Quel accident arrive bientôt à Maurice? — 7. Comment finit-il sa journée? — 8. Quelles observations lui adresse sa mère?

Mademoiselle Lambinette!

I

« Mon Dieu! ma pauvre Suzanne, que tu es lente! que tu t'appliques peu à ce que tu fais! Qu'est-ce qui t'arrête encore? »

C'est la centième fois au moins que madame Bernard excite ainsi la mollesse de sa fille. Mais le père, qui s'en lasse à la fin, ajoute d'un ton ferme : « Tu as trop pris l'habitude de compter sur notre aide et de nous déranger pour des riens. Je défends désormais qu'on s'occupe de toi. Tu te tireras d'affaire toute seule. »

Suzanne pleure, mais elle a bien mérité que son père lui parle avec cette sévérité. Chaque fois qu'on la quitte des yeux, elle s'engourdit sur son travail. Jamais elle n'a pu s'habiller, ni apprendre ses leçons, ni faire ses devoirs sans forcer sa mère à quitter sa besogne pour lui venir en aide. Aussi, quoiqu'elle soit intelligente, elle est moins avancée que les autres enfants de son âge, et, quoiqu'elle ait bon cœur, elle ne cause que du souci à ses parents.

Suzanne resta longtemps en larmes sans essayer de poursuivre le devoir interrompu. Son père et sa mère souffraient de son chagrin, mais ils ne lui en laissèrent rien voir et n'essayèrent pas de la consoler. Alors, désespérée de leur silence et de l'abandon auquel elle se croyait condamnée, la fillette tenta de les fléchir. « Je ne peux pas le faire toute seule, dit-elle. — Cherche; tu dois pouvoir, répondit le père d'un ton qui ne permettait pas d'espoir de secours. »

Elle se remit au travail sans courage. Naturellement le devoir n'était pas terminé au moment du repas. « Voulez-vous m'attendre pour souper ? demanda-t-elle. — Non, tu le finiras dans la soirée ou demain matin, à moins que tu n'aimes mieux ne pas manger : choisis. »

Suzanne resta longtemps en larmes sans essayer de poursuivre le devoir interrompu.

Suzanne prend le parti le moins pénible, celui de se mettre à table et de dormir comme d'habitude, quitte à laisser le devoir pour le lendemain.

Mais le lendemain, quand il fallut se lever, elle n'en trouva pas le courage. Personne ne vint la stimuler ni l'aider à sa toilette; aussi ne fut-elle prête qu'à huit heures. Elle trouva la vaisselle lavée, la salle rangée et sa mère déjà au travail.

« Où est mon déjeuner ? demanda-t-elle tout étonnée.

« — Il était prêt à sept heures et demie, tu le savais bien, lui répondit la mère ; tu n'es pas venue ; je l'ai donné au chat. Il est temps de partir pour l'école ; tiens, voilà du pain, tu mangeras en route. »

Fainéantise amène misère

(Vieille maxime.)

Exercice écrit. — **1.** Faites le portrait de mademoiselle Lambinette. — **2.** Pourquoi compte-t-elle plutôt sur ses parents que sur elle-même ? — **3.** Faites le portrait d'une petite fille active. Comment celle-ci s'habille-t-elle, fait-elle ses devoirs, apprend-elle ses leçons ? — **4.** Laquelle des deux est la plus heureuse et pourquoi ? — **5.** Pourquoi Suzanne n'acheva-t-elle pas son devoir après souper ? — **6.** Que lui arriva-t-il le lendemain en se levant en retard ?

II

Suzanne n'osa rien dire ; elle prit son panier et s'en alla le cœur gros en grignotant du bout des dents son pain sec.

Ce n'était que le début de ses misères. Quand elle arriva à l'école, la classe était déjà commencée.

« Vous êtes en retard, Suzanne, lui dit la maîtresse ; vous serez punie ; où est votre devoir ?

— Il n'est pas fini.

— Vous l'achèverez en retenue. Récitez votre leçon.

— Je n'ai pas eu le temps de l'apprendre

— Eh bien, vous l'étudierez pendant la récréation. »

La journée s'écoula pour l'enfant dans la désolation la plus profonde. « Je serai toujours grondée et punie, se disait-elle; » mais elle n'essayait pas de mieux faire.

Le lendemain, qui était un jeudi, elle devait aller en voiture avec ses parents au village voisin, où elle avait une tante qu'elle aimait beaucoup. En lui annonçant cette partie de promenade, sa mère avait ajouté : « On attellera à deux heures; essaie de terminer ton travail et d'être prête à temps. »

Suzanne, stimulée par l'appât du plaisir espéré, se pressa pour s'acquitter de sa besogne et y parvint. Mais quand elle voulut s'habiller, elle ne trouva pas comme d'habitude ses affaires toutes préparées. Ainsi que l'avait déclaré son père, on lui laissait le soin de se tirer seule d'embarras. Or elle avait négligé de recoudre un accroc qu'elle avait fait à sa robe quelques jours auparavant; il fallut chercher du fil et des aiguilles et passer une vingtaine de minutes à le réparer tant bien que mal. Ses bottines n'étaient pas propres; par indolence, elle les avait jetées dans son armoire sans les nettoyer; elle perdit encore un quart d'heure à les cirer et à y remettre un lacet qui manquait; si bien que, lorsqu'on l'appela, elle n'avait pas terminé sa toilette.

« Mademoiselle Lambinette, lui dit son père, j'en suis bien fâché, mais nous ne pouvons pas t'attendre; tu viendras une autre fois. »

Suzanne en éprouva une grande déception et un chagrin très vif : toute une après-midi de solitude, au lieu d'un plaisir tant désiré, c'était dur.

De la fenêtre de sa chambre, aussi longtemps qu'elle le put, elle suivit des yeux à travers ses larmes la voiture qui s'éloignait. Peut-être conservait-elle un vague espoir de la voir revenir; mais elle disparut bientôt au tournant du chemin. Il fallait se résigner.

De la fenêtre de sa chambre, aussi longtemps qu'elle le put, elle suivit des yeux à travers ses larmes la voiture qui s'éloignait.

Du moins la leçon fut profitable. La fillette d'un geste brusque essuya ses pleurs et, tout en se déshabillant, se mit à réfléchir : « Papa a raison, se dit-elle après s'être bien désolée, je ne fais que causer de la peine à mes parents et à moi-même; je veux, oui, je veux me corriger. »

Pour commencer, elle se mit bravement à ranger ses affaires, et elle trouva ainsi l'après-midi moins longue et son chagrin moins lourd.

Quand ses parents furent de retour, elle les embrassa plus tendrement que d'habitude : « J'ai été bien punie, leur dit-elle, mais vous n'aurez plus à me gronder pour mon indolence; je vous promets de ne plus me laisser aller à la négligence et à la mollesse. »

L'ennui est entré dans le monde par la paresse.

Exercice écrit. — **1.** Dites ce qu'il arriva à Suzanne à l'école. — **2.** Où ses parents devaient-ils aller le jeudi ? — **3.** Pourquoi Suzanne aurait-elle été heureuse de les accompagner? — **4.** Pourquoi ne fut-elle pas prête à temps ? — **5.** Pourquoi son père n'a-t-il pas voulu l'attendre? — **6.** Comment se consola-t-elle? — **7.** Que dit-elle à ses parents à leur retour? — **8.** Pensez-vous qu'elle tiendra parole et pourquoi ?

Ce qui se passe dans un bouquet.

Dans la grande coupe de cristal, au salon, on a placé ce matin un magnifique bouquet. La verdure et les fleurs y sont artistement mélangées. Au milieu se trouve une superbe rose, fraîche épanouie et dressée au-dessus

Dans la grande coupe de cristal, au salon, on a placé ce matin un magnifique bouquet.

des feuilles et des boutons qui l'entourent comme une reine sur son trône au milieu de ses filles d'honneur.

« Comprend-on qu'on lui ait donné la meilleure place ? chuchote aigrement un souci jaune; ce n'est certes pas elle que j'aurais choisie : les hommes ont vraiment bien mauvais goût !

— Pourquoi ? demande naïvement une blanche marguerite, placée à son côté.

— Parce que...! riposte le souci d'un ton décidé sans découvrir de meilleure raison.

— Elle est trop rouge, c'est criard, dit un œillet qui est deux fois plus éclatant.

— Trop raide ! fait un lis, dressé contre elle comme une flèche.

— Trop grasse! ajoute une pivoine, qui gêne toutes ses voisines par son ampleur.

— Elle n'a qu'un parfum vulgaire, réplique un myosotis en secouant sa petite corolle inodore.

— Et puis, conclut sentencieusement une pauvre rose-thé qui s'effeuille, elle est trop épanouie : sa beauté ne durera pas! »

La marguerite reste un moment interdite : « Mais, balbutie-t-elle, il me semble que l'œillet est plus rouge, le lis plus raide et la pivoine plus grosse qu'elle, que le myosotis a moins de parfum et que la rose-thé est plus près de son déclin!

— Sans doute, réplique la coupe, qui jusqu'alors n'avait rien dit; seulement il est si naturel à chacun de relever chez les autres son propre défaut! On se fait ainsi une excuse et l'on se dispense de se corriger. »

Examinons-nous avant de critiquer les autres

Exercice écrit. — **1.** De quelles fleurs est composé le bouquet? — **2.** Comment sont-elles disposées? — **3.** Que reprochent les autres fleurs à la rose? — **4.** Que faudrait-il à chacune de ces fleurs pour être contente? — **5.** Quelle réflexion fait la coupe?

Fâcheuse idée !

Léonie se regarde dans un miroir d'un air mécontent : « Alice ! dit-elle soudain à sa sœur jumelle qui travaille à ses côtés, ne trouves-tu pas que nos cheveux jaunes sont hideux ?

— Non, répond tranquillement celle-ci, ils ne sont pas beaux, voilà tout !

— Tu n'aimerais pas mieux avoir une belle natte noire, comme Olga ?

— Si, mais puisque c'est impossible, à quoi bon y songer ?

— Et si ce n'était pas impossible ? » dit la coquette à sa sœur d'un air mystérieux. Alors, tirant une boîte d'une armoire : « Tu sais lire, n'est-ce pas ? Regarde sur ce couvercle : *teinture pour les cheveux : noir de jais; succès infaillible dans l'espace de douze heures*, et voici le mode d'emploi. Il y avait là dedans deux fioles comme celle-ci : on en a déjà usé une; donc, cela prouve que la drogue est très bonne !

— Mais où as-tu trouvé cette boîte ?

— Au grenier, dans un recoin du vieux buffet de ma grand'mère.

— Et tu veux te teindre les cheveux avec cela ?

— Oui, les miens et les tiens; puisque tu préfères le noir au blond !

— Oh! moi, j'aime presque autant les garder jaunes.

— Tu ne voudrais pas me laisser devenir brune toute seule, ajoute Léonie en la câlinant : nous ne nous ressemblerions plus ; on ne verrait plus que nous sommes deux sœurs !

— Mais maman n'y consentira jamais...

— Est-ce que nous lui demanderons la

Le soir venu, les deux sœurs jumelles, un peu tremblantes d'inquiétude, se mouillèrent les cheveux.

permission ? Nous essaierons ce soir : si cela ne réussit pas, personne n'en saura rien ; si cela réussit, maman sera ravie. Ne l'as-tu pas entendue dire l'autre jour à la mère d'Olga : « Votre fillette a une chevelure noire superbe !.. »

— C'est vrai, dit Alice, à demi convaincue. Mais si nous nous faisions du mal !

— Peureuse, va ! Le pis qui puisse nous

arriver est de rester blondes : et nous n'y risquons guère.

Alice s'est laissé persuader. Le soir venu, les deux sœurs jumelles, un peu tremblantes d'inquiétude, se mouillèrent les cheveux avec le contenu de la fiole, et se couvrirent soigneusement la tête, selon les prescriptions du mode d'emploi. Le sommeil vint tard, tant le souci les agitait ; enfin elles s'endormirent.

Le lendemain au grand jour, les yeux à peine ouverts, Léonie court au miroir pour juger du succès de sa tentative. Horreur ! sa chevelure est du rouge intense des tuiles neuves. Elle regarde celle d'Alice : même résultat. Alors, désespérée, la pauvrette éclate en sanglots. « Nous sommes horribles, gémit-elle, c'est ma faute, tu ne me le pardonneras jamais ; je suis trop punie ! » La bonne petite Alice, sans s'inquiéter d'elle-même, s'efforce en vain de la consoler.

Le bruit qu'elles font attire leur mère. D'un coup d'œil, elle aperçoit la boîte ouverte, le flacon à demi vidé, les chevelures flamboyantes de ses filles, et devine ce qui s'est passé.

« Ma pauvre Léonie, dit-elle, il fallait avoir les deux fioles pour obtenir le noir de jais que tu voulais ! Celle-ci ne sert qu'à préparer la transformation. Rassure-toi, le mal n'est pas irréparable ; vous en serez quittes pour garder à peu près un mois vos cheveux rouges; mais que la leçon vous profite! En cherchant à se rendre plus belle, on n'arrive le plus souvent qu'à s'enlaidir. »

Coquetterie, vanité, que de sottises ces deux défauts ont déjà fait commettre aux petites filles et aux grandes!

Exercice écrit. — **1.** Que pense Léonie de ses cheveux? — **2.** Comment lui est venue l'idée de les teindre? — **3.** Quelles objections lui présente sa sœur Alice? — **4.** Quel fut le résultat de l'opération? — **5.** Que leur dit leur mère? — **6.** Quelles sont les conséquences de la vanité et de la coquetterie?

Pour n'avoir pas su attendre.

I

« Le lieutenant n'est pas encore descendu, Catherine?

— Non, Monsieur, pas encore, et pour peu qu'il tarde, mon déjeuner ne vaudra plus rien. Mon poulet se dessèche et mes petits pois se mettent en marmelade.

— Tant pis pour tes petits pois, ma bonne Catherine : songe qu'il revient du Tonkin,

qu'il est arrivé de Marseille ce matin à quatre
heures après avoir passé toute la nuit en
wagon, que nous ne l'avons laissé se coucher
qu'à cinq heures et demie et qu'il était harassé
de fatigue. Il peut bien faire la grasse matinée. Mais où sont Annette et sa mère?

— Madame achève sa toilette. Quant à Mademoiselle, elle ne se tient pas d'impatience.
Elle dormait ce matin, vous sa-
vez, et n'a pas encore vu son frère ; elle m'a demandé plus de vingt fois s'il est beaucoup changé, ce qu'il a dit, ce

C'est elle qui a dressé le couvert et arrangé
si joliment la salle à manger.

qu'il a fait, ce qu'il a rapporté du Tonkin.
C'est elle qui a dressé le couvert et arrangé
si joliment la salle à manger. En ce moment
elle dévalise le jardin pour mettre des fleurs
partout. Et tenez, la voici! »

En effet, Annette rentrait les bras chargés
d'une moisson d'œillets, de pivoines et de
roses. « Ouf! » dit-elle, en se hâtant de les dis-
poser dans des vases ; j'avais peur de ne pas
être prête à temps. Maintenant, papa, c'est
fini, tu peux l'appeler.

— D'autant mieux, ajouta la mère, qui arrivait à son tour dans la salle, que je l'entends remuer depuis quelques instants, je crois même qu'il a commencé à déclouer ses caisses.

— Est-ce qu'on sait ce qu'il y a dedans ? dis, maman, » demanda tout bas Annette.

Elle n'eut pas le temps d'entendre la réponse. Déjà du bas de l'escalier, le père, aussi impatient que les autres de faire fête à son fils, criait à plein gosier : « André ! André : descendras-tu, paresseux ? Avance à l'ordre ! »

André répondit : « Présent ! » et dégringola l'escalier d'un pas rapide.

« Mais c'est ici comme au château de Barbe-Bleue, dit-il joyeusement. Ne vas-tu pas descendre, là-haut ? Il n'y manque même pas la sœur Anne. Comme te voilà grande et gentille, ajouta-t-il en embrassant la fillette, pendant que de son côté elle l'admirait de tous ses yeux et de tout son cœur. Je ne reconnais presque plus ma petite Nanon. Es-tu devenue bien savante ?

— Un peu.

— Et sage ? Tu n'es plus curieuse ? tu l'étais joliment autrefois.

Annette rougit ; son frère vient de lui rappeler son défaut mignon. Eh, oui ! elle aime toujours à questionner, à écouter, à observer, à fureter de côté et d'autre. Seulement, elle ne veut pas l'avouer.

— Moi, curieuse ? oh, non ! plus du tout ! du tout ! répondit-elle posément.

— C'est dommage, tu n'auras pas de plaisir à regarder ce que je rapporte de là-bas.

— Mais si ! mais si ! au contraire : viens vite me le montrer. Y a-t-il quelque chose pour moi ? Que je voudrais le voir tout de suite !

— Et tu prétends que tu n'es plus curieuse, répliqua le grand frère avec un bon rire. Eh bien ! tu ne le verras qu'après le déjeuner.

— Oui, oui, dit le père en s'asseyant ; à table d'abord, vous bavarderez ensuite. »

Il est doux, après une longue absence, de se retrouver au milieu des siens, dans la maison paternelle.

Exercice écrit. — **1.** Pour qui prépare-t-on une fête ? — **2.** Pourquoi chacun est-il si impatient de voir arriver l'heure du dîner ? — **3.** Qui a dressé le couvert ? — **4.** Quel défaut Annette laisse-t-elle percer et comment ? — **5.** Comment son frère excite-t-il sa curiosité ?

II

Le repas fut joyeux et animé. A vrai dire, on fit moins attention à la cuisine que ne l'aurait voulu la vieille Catherine, qui y avait mis tout son talent. On prenait à peine le temps de manger, tant on avait de choses à se dire et de questions à se poser.

« Voyons, lieutenant, demandait le père, raconte-nous comment tu as gagné tes galons.

— Ma foi, c'est bien simple, répondit-il; j'avais envie de rapporter ici un drapeau des Pavillons-Noirs, et dans une rencontre avec eux, je leur en ai pris un, et voilà! »

Puis il fallut qu'il expliquât le genre de vie des Tonkinois, leur manière de s'habiller, de se nourrir, leurs occupations; avait-il vu des tigres, des crocodiles, des sauvages? Il ne savait auquel entendre. Annette surtout l'interrogeait et l'écoutait avidement; elle ne le quittait pas des yeux et buvait ses moindres paroles.

Pourtant le déjeuner, à son gré, se prolongeait un peu trop. L'impatience la tenaillait de connaître le contenu des fameuses caisses. A la fin, n'y résistant plus et profitant de ce que sa mère avait voulu préparer elle-même le

café à la cuisine, pendant que son père et
son frère fumaient un cigare au jardin, elle
grimpa quatre à quatre l'escalier qui conduisait à la chambre d'André.

Elle pousse la porte, elle entre, palpitante
d'émotion et un peu aussi de honte ; car elle
sent bien qu'elle a tort de céder à sa curiosité. Quelle chance ! les caisses sont ouvertes !

Elle enlève à la hâte le foin et les papiers d'emballage.

Elle enlève à la hâte le foin et les papiers
d'emballage. Comme c'est joli ! Voici un petit
coffret incrusté de nacre ; puis, dans de
petites boîtes qui sentent bon, des bijoux
annamites bizarrement contournés, un brace-
let en ivoire incrusté d'argent, des pendants
d'oreilles étranges, des éventails bariolés.

Elle ne peut s'arrêter en si beau chemin !
Il faut qu'elle explore jusqu'au fond... Elle
vide la caisse fébrilement... Oh ! les magni-
fiques parasols en papier de soie bigarré !

Et ce tapis bleu avec des broderies de toutes couleurs ; et ces pots de porcelaine ornés de dragons grimaçants et de fleurs fantastiques, et encore cette boîte de thé en laque, avec des personnages très raides dessinés en or sur toutes les faces ; et ces petits magots de bronze ! comme ils feront bon effet sur une étagère !

Un bruit de pas et de voix l'interrompt dans son inventaire : c'est André qui monte avec ses parents. Vite, vite, remballons tout ! Elle s'agenouille pour avoir plus tôt fait, mais dans sa précipitation, elle laisse choir un coffret sur un vase et le vase est brisé. Pourvu qu'on n'ait rien entendu ! On croira peut-être que l'accident est arrivé pendant le voyage. Elle se relève à la hâte ; nouvelle catastrophe ! Le devant de sa robe s'accroche à un clou et se déchire du haut en bas.

Annette fond en larmes, il n'y a plus moyen de cacher sa faute ; du reste, essayer de mentir ne servirait qu'à aggraver ses torts. Aussi s'accuse-t-elle sans détour, et, allant d'elle-même au-devant des reproches, elle montre tant de chagrin et de repentir, qu'André implore son pardon et s'efforce encore de la consoler.

Annette sécha ses larmes ; mais l'après-midi se passa sans qu'elle retrouvât sa gaieté. Pour n'avoir pas su attendre quelques minutes, elle avait maladroitement gâté toute une journée de bonheur.

La curiosité indiscrète n'a rien de commun avec le désir de s'instruire; autant celui-ci est légitime et louable, autant celle-là est oiseuse et vaine.

Exercice écrit. — **1.** Décrivez le repas de famille. — **2.** Comment André avait-il gagné ses galons ? — **3.** Pourquoi Annette trouve-t-elle que le dîner se prolonge un peu trop ? — **4.** Que fait-elle au dessert ? — **5.** Rappelez ce qu'elle vit dans les caisses d'André. — **6.** Quel accident lui arriva-t-il ? — **7.** Qu'est-ce qui racheta un peu sa faute ? — **8.** Comment fut-elle punie ?

Réfléchissons avant de parler.

Quelques contrebandiers fameux avaient été signalés sur la frontière belge ; mais, soit que le hasard les favorisât, soit qu'ils fussent bien renseignés par leurs indicateurs sur les points gardés, ils demeuraient insaisissables. D'une audace incroyable, ils introduisaient en fraude de grandes quantités de marchandises, tantôt à pied, tantôt à cheval ou en voiture ; l'un d'eux s'était même vanté qu'il passerait avec quatre-vingts chiens chargés de dentelles sous le nez des douaniers.

Parmi ces derniers, les fraudeurs n'avaient pas d'ennemi plus redoutable que le père de Lucien. C'était un agent zélé et intelligent autant que brave, et qui s'acquittait de son devoir avec une sorte de passion ; il venait d'être promu brigadier et brûlait de justifier cet avancement par un coup d'éclat.

« Vois-tu, femme, disait-il un soir, j'ai mon plan ! Nous faisons fausse route en nous embusquant toute la nuit dans les bois. Les contrebandiers sont trop fins pour s'engager dans les endroits obscurs et difficiles ; ils savent bien que nous y sommes. Les vrais avares défendent leur trésor en le cachant sans serrures ni clefs dans la chambre où l'on se tient toute la journée ; les vrais voleurs doivent passer hardiment par le grand chemin avec les honnêtes gens. Cela dépiste les recherches.

« Donc, demain soir, je me posterai avec mes hommes à la ferme des Peupliers, sur la route de Lille, et cela m'étonnera si nous ne voyons rien venir. »

Lucien, qui aimait beaucoup son père et admirait son courage, l'écoutait de ses deux oreilles. Il ne perdit pas un mot de la conversation. Mais, le lendemain, l'imprudent ne trouva rien de mieux à faire à l'école que de redire à ses camarades ce qu'il avait entendu et d'annoncer la prochaine capture des contrebandiers.

Or, parmi ses auditeurs, un grand garçon au regard louche suivait son bavardage avec la plus profonde attention et l'excitait même à causer par deux ou trois interrogations adroites.

Trop confiant et trop naïf, notre ami répète, explique et développe à plaisir, ravi d'être un personnage important.

Malheureusement, le grand Claude est un vaurien qui sert d'espion aux fraudeurs ; dès que la classe est terminée, il va les prévenir au village belge où ils passent la journée.

« C'est bien, répondent les malfaiteurs, nous ne nous dérangerons pas pour si peu ; mais nous prendrons nos précautions, et s'il fait le malin, gare à lui ! »

Vers minuit, ils arrivent à la ferme des Peupliers. Le père de Lucien est là avec deux hommes. « Qui vive ? » crie-t-il en surgissant soudain devant eux.

Un double coup de feu lui répond. Il tombe blessé à l'épaule, et pendant que ses camarades s'empressent autour de lui pour le secourir, les contrebandiers se hâtent vers le village et disparaissent dans la nuit.

Quand il vit rapporter à la maison son père ensanglanté, Lucien poussa un cri de désespoir : « Moi, c'est moi qui en suis cause ! c'est

parce que j'ai bavardé qu'ils ont tué papa. »
Il s'imaginait que son père ne survivrait pas
à sa blessure ; il fallut que le pauvre homme

Un double coup de feu lui répond.

le rassurât, le consolât et lui affirmât qu'il
lui pardonnait.

Tant que dura la maladie, il ne quitta pas
son chevet, et quand tout danger fut écarté,
même après la guérison, longtemps encore,
il ne pouvait se rappeler sans frissonner que
son indiscrétion avait failli lui faire commettre
un parricide.

*Ne confie pas tes
secrets à un babillard*

(Vieux proverbe.)

Exercice écrit. — **1.** Pourquoi punit-on les contrebandiers comme des voleurs? — **2.** Que savez-vous du père de Lucien? — **3.** Dites quel était son plan. — **4.** Quelle faute commit Lucien? — **5.** A qui profita son bavardage? — **6.** Racontez la scène de la nuit. — **7.** Comment se conduisit Lucien pendant la convalescence de son père? — **8.** Tirez la morale de ce récit.

La bravoure de Maître Simon.

I

Un dimanche, après déjeuner, Simon lisait à haute voix une histoire de brigands à son jeune frère Amédée :

« C'est la nuit, une nuit noire. Tout le monde dort dans le château silencieux. Soudain une vitre de la chambre des enfants vole en éclats, et les pauvres petits, à la lueur de leur veilleuse, aperçoivent trois brigands, enveloppés jusqu'aux yeux de manteaux sombres, qui s'élancent vers eux le poignard au poing... »

« Ont-ils dû avoir peur! dit Amédée en frissonnant.

— Mais regarde donc, papa, reprit Simon, s'adressant à son père qui écoutait tout en se préparant à sortir ; voilà Amédée qui tremble comme la feuille ; je suis sûr que, s'il était attaqué par des voleurs, il n'aurait pas le cœur de se défendre.

— Je n'en sais rien, répondit l'enfant ; la nuit, je ne serais peut-être pas très brave.

— Et toi, Simon ? demanda le père.

— Oh ! moi, je n'ai peur de rien, s'écria celui-ci d'un air fanfaron ; je prendrais ton fusil et pan ! pan ! je tuerais les brigands.

— A la bonne heure ! c'est du courage, cela ! Eh bien, puisque tu es si brave, tu vas porter à ma place à ton oncle Ambroise les cinq cents francs que voici ; il en a absolument besoin aujourd'hui. Cela me permettra d'aller de mon côté à la ville où j'ai des affaires qui pressent. Tu emmèneras Amédée. En passant par le bois, vous arriverez chez votre oncle dans trois petits quarts d'heure.

— Et si nous y trouvions des voleurs qui veuillent me voler mon argent ?

— Des voleurs dans le bois ! ce serait la première fois qu'on en verrait. Du reste, tu n'es pas poltron ; prends mon bâton ferré et, si on t'attaque, tu sauras bien te défendre.

— Mais, Amédée !… il aura peur, lui.

— Oh non ! riposta vivement celui-ci ; en plein jour, je ne crains rien.

— Si maman venait avec nous ? insinua encore Simon.

— Que demandes-tu là ? Tu sais bien que ta mère marche difficilement et ne peut vous accompagner jusque là-bas. Mais est-ce que, par hasard, tu ne serais qu'un faux brave ? »

Ainsi piqué dans sa vanité, Simon finit par s'exécuter. Il plaça l'argent dans une sacoche, prit le bâton ferré et s'éloigna en tenant la main d'Amédée.

Vantardise et couardise vont souvent de compagnie

Exercice écrit. — **1.** Quelle histoire Simon lit-il à son frère ? — **2.** Qu'en pense le petit garçon ? — **3.** De quoi se vante Simon ? — **4.** A quelle épreuve son père met-il son courage ? — **5.** Comment essaie-t-il de s'y soustraire ?

II

Une fois dans le bois, le petit frère se mit à poursuivre les papillons et à chercher des fraises le long des sentiers.

« Reste donc près de moi, lui disait anxieusement Simon.

— Merci bien ; j'aime mieux courir !

— Je dirai à papa que tu n'as pas voulu m'écouter. On ne fait pas le fou comme cela lorsqu'on porte de l'argent.

— Mais moi je ne porte rien, et papa ne m'a pas défendu de m'amuser.

— N'entends-tu pas du bruit dans les arbres ?

— J'entends le vent qui souffle, répondit Amédée, et les geais qui bavardent. »

Et il recommença à gambader, en imitant le cri des geais.

Soudain, à un coude du chemin, à l'endroit où le sentier plus étroit descendait une pente entre deux hauts talus, un homme surgit devant eux. Il est enveloppé jusqu'aux yeux

La bourse où la vie ! s'écria-t-il d'une voix tonnante.

d'un manteau sombre, comme les brigands de l'histoire que Simon lisait tout à l'heure, et les menace d'un long poignard.

« La bourse ou la vie ! » s'écrie-t-il d'une voix tonnante.

Simon, terrifié, se jette à genoux : « Je vous en prie, monsieur le voleur, ne nous tuez pas ! prenez plutôt la sacoche : tenez, il y a cinq cents francs dedans !...

— Ah, non, par exemple ! » dit alors le petit frère d'un ton indigné, et saisissant le bâton ferré, il se place hardiment devant Simon, toujours anéanti par la frayeur : « N'approchez pas, ajoute-t-il, ou je tape ! »

Le voleur alors part d'un grand éclat de rire et se débarrasse de son manteau.

« Tiens ! c'est papa ! dit Amédée.

— Oui, petit, c'est moi ; tu n'as donc pas eu peur ?

— Oh, si ! mais je ne t'aurais pas laissé prendre les cinq cents francs quand même !

— Tu es un vaillant petit homme, et c'est avec des poltrons comme toi qu'on fait des braves ; mais je crois bien aussi que c'est avec des braves comme ton frère qu'on fait des poltrons. »

Simon ne trouva rien à dire ; mais à partir de ce jour, il ne s'est plus vanté. Il a compris que, si la modestie rehausse le vrai mérite, elle est encore plus indispensable à la médiocrité.

Les fanfarons sont courageux en paroles ; la vraie bravoure se révèle par des actes.

Exercice écrit. — **1.** Comment se comporte Amédée dans le bois ? — **2.** Comment se révèle la peur de Simon ?

— 3. Que font-ils l'un et l'autre en présence du faux brigand? — 4. Pourquoi le père s'était-il déguisé en voleur? — 5. Quel profit Simon tire-t-il de cette aventure?

Un coup de corne qui n'est pas volé!

« Cet âge est sans pitié ! » dit le bon La Fontaine, en parlant des enfants. Le jeune Louis semble prendre à tâche de donner raison au poète ; car il n'y a pas en France de garçonnet de dix ans plus tracassier, plus sottement inventif, plus insensible et même plus cruel qu'il ne l'est à l'égard de tous les êtres faibles ou sans défense.

Comme il habite avec ses parents une métairie un peu éloignée du village, il n'a guère l'occasion de persécuter d'autres enfants ; mais il prend sa revanche sur les bêtes. Il n'est touché ni des bons services qu'elles rendent, ni de l'attachement qu'elles montrent à ceux qui les traitent doucement, ni des cris ou des gestes de souffrance que ses stupides passe-temps leur arrachent.

Il attache Médor affamé à quelques centi-mètres de sa soupe ; il force le chat à faire la scie ; il prend et serre dans ses mains les jeunes poussins pour effarer leur mère ; il disperse en plein champ le troupeau des oies à grands coups de gaule.

Ces belles inventions ne lui réussissent pas

toujours, il est vrai. Médor a quelquefois imprimé ses dents pointues sur les mains du méchant garçon et, quand il le voit approcher, il grogne d'une manière significative. Mistigris, un beau jour, lui a labouré la joue de ses griffes, et depuis il détale prestement dès qu'il l'aperçoit. Les poules elles-mêmes ont tenté de lui sauter au visage et les oies se sont vengées sur ses mollets.

Aussi Louis ne se frotte plus ni aux uns ni aux autres ; il exerce à présent ses talents sur des bêtes plus inoffensives. Dernièrement, en distribuant l'herbe aux lapins, il en saisit un par les oreilles et le tient suspendu : « Veux-tu baisser ta queue ? lui dit-il... M'entends-tu ?... Attends un peu ! » Il s'arme d'une baguette, il en frappe la pauvre bête, et ravi de la voir se tortiller frénétiquement, il ne laisse en paix sa victime que lorsque lui-même est fatigué du divertissement.

Hier, il a attaché aux extrémités d'une même ficelle de petits morceaux de pain et les a jetés aux canards. Deux des plus gloutons se sont précipités sur cette pâture et, après l'avoir avalée, se sont trouvés attachés l'un à l'autre sans pouvoir se débarrasser. Leurs contorsions, leurs vains efforts, leurs coin-coins désespérés l'amusèrent d'abord, puis finirent par l'épouvanter. S'ils allaient mourir ? Comment faire pour les délivrer ? Il n'osait pas s'en approcher. Son père survint qui trancha la ficelle et le récompensa de son invention en ne lui donnant pour souper que du pain sec et de l'eau claire.

Aujourd'hui, il conduit les vaches au pâturage ; il s'est muni d'une longue branche de houx, et les agace en les piquant au poitrail ou aux cuisses, ou même aux narines. Les

Elle le soulève de ses cornes et l'envoie promener à quatre pas.

pauvres bêtes agitent violemment leur queue pour se débarrasser de leur ennemi invisible, frémissent, s'effarouchent et galopent par saccades à la grande joie de Louis. Mais la Rousse finit par deviner qui la persécute. Elle s'arrête au milieu du pré, et quand l'enfant lui passe méchamment le houx entre les yeux, elle baisse la tête, et, d'un mouvement fort et brusque, le soulève sur ses cornes et l'envoie promener à quatre pas. Ensuite elle se remet à paître tranquillement.

La leçon est rude cette fois. Louis reste

affaissé sur le sol avec une violente douleur au côté, sans pouvoir se relever. Peut-être y serait-il encore si, vers le soir, ses parents inquiets n'étaient allés le chercher. Il en sera quitte pour garder le lit un mois, mais il aurait pu demeurer estropié toute sa vie. Désormais, à défaut de bonté et d'attachement pour les bêtes, la peur l'empêchera peut-être de les tourmenter.

Celui qui fait du mal aux animaux se montre à la fois sot, lâche et cruel.

Exercice écrit. — **1.** Dites ce que vous savez du caractère de Louis. — **2.** Quels animaux ont été victimes de sa méchanceté? — **3.** N'en a-t-il pas été puni quelquefois et comment? — **4.** Quelle taquinerie a-t-il inventée un jour qu'il conduisait les vaches en pâture? — **5.** Que lui arriva-t-il? — **6.** Que pensez-vous de sa conduite?

Les prunes du père Michel.

Au bout du village, un peu à l'écart, se trouve la maison du père Michel, avec son petit jardin en triangle qui forme le coin à la jonction de deux rues et que des murs trop bas protègent mal contre les indiscrets.

Le père Michel y vit tout seul : c'est un vieillard à l'esprit affaibli, possédé de la manie de la méfiance. Il passe son temps à guetter les maraudeurs. Tous les enfants en général, surtout les plus espiègles et les plus hardis, sont ses ennemis jurés. Au lieu de respecter son âge et d'avoir pitié de son infirmité, les mauvais sujets inventent mille farces pour le mettre en colère, et prennent un malin plaisir à tourmenter le pauvre vieux.

Un jour, en sortant de classe, Jules et Roger, deux écervelés, s'en viennent rôder autour du jardinet. Justement le bonhomme, assis devant sa porte selon son habitude, épluchait des haricots pour son souper.

« Si nous le faisions enrager ? » dit Jules à Roger. Et montrant sa tête ébouriffée au-dessus du mur : « Eh ! père Michel, donnez-nous donc des prunes ! » Il faut vous dire qu'un beau prunier étendait jusque sur la rue ses longues branches chargées de fruits dorés. Le vieillard tenait à ses mirabelles comme à ses yeux.

« Voulez-vous décamper, garnements ! répondit-il ; rentrez chez vous, cela vaudra mieux que de venir voir ce qui se passe ici.

— La rue est à tout le monde, reprit impertinemment Roger.

— Nous nous en irons quand vous nous aurez donné des prunes, ajouta Jules, et pas avant. »

Mais comme le vieillard saisissait son

arrosoir pour les asperger d'eau claire, ils trouvèrent prudent de s'éloigner.

Au bout d'une dizaine de minutes, ils revinrent ; Roger s'était muni d'un de ces longs râteaux de bois qui servent à retourner les foins : « Nous en aurons tout de même de tes prunes, va, vieux fou ! » Il s'avança dou-

« Nous en aurons tout de même de tes prunes, vieux fou ! »

cement et profitant d'un moment où le père Michel, qui ne se méfiait plus de rien, était tout entier à ses haricots, il abaissa avec précaution les dernières branches de l'arbre à l'aide de son râteau. Tandis qu'il les maintenait à portée de la main, Jules se hâta de cueillir une poignée de mirabelles ; puis les deux vauriens, laissant le prunier se redresser brusquement, s'enfuirent en rasant le mur de l'autre côté du jardin.

« Ah ! voleurs ! ah ! polissons !... que je vous tienne seulement ! » s'écrie le père Michel hors de lui. Il regarde dans la rue : personne ! « Où sont-ils passés, les brigands ? »

« Présent ! » dit tout à coup derrière lui une voix railleuse. Il se retourne et, debout sur son mur, il aperçoit les deux enfants qui mangent ses prunes d'un air moqueur et font mine de lui jeter les noyaux à la figure.

Pour le coup, c'est trop d'audace : le bonhomme ne se possède plus : il saisit un échalas et le lance à toute volée dans la direction des effrontés. Jules, atteint en plein visage, tombe à moitié assommé et entraîne dans sa chute son camarade Roger, qui se casse un bras. On les transporta chez eux plus morts que vifs, et il leur fallut encore avouer à leurs parents qu'ayant tout fait pour pousser à bout le père Michel, ils étaient eux-mêmes les auteurs de leurs souffrances.

Une mauvaise action coûte toujours cher à celui qui la commet.

Exercice écrit. — **1.** Où se trouvait le jardin du père Michel ? — **2.** Que savez-vous du caractère du vieillard ? — **3.** Pourquoi aurait-on dû le respecter malgré ses travers ? — **4.** Que faisait-il quand Jules et Roger s'avisèrent de le taquiner ? — **5.** Comment s'y prirent-ils pour avoir ses prunes ? — **6.** Comment le vieillard s'aperçut-il qu'ils l'avaient volé ? — **7.** Que firent-ils pour l'exaspérer ? — **8.** A quelle violence se porta le père Michel et quelles en furent les suites ? — **9.** Que pensez-vous de cette aventure ?

Le dîner de Saint-Nicolas.

I

Au temps jadis, quand madame la Vierge, les Saints et Dieu lui-même descendaient encore sur la terre pour voir de leurs yeux ce qui s'y passe, — il y a bien trois cent trente-trois ans de cela, — le grand saint Nicolas avait demandé qu'on lui laissât le soin de s'occuper des enfants. Il montrait pour eux, en toute occasion, une affection inépuisable ; il les surveillait, les protégeait, aimait à leur faire des surprises, réservant plus volontiers ses tendresses aux orphelins, qui n'avaient plus de mère pour les gâter.

Le jour, il les visitait incognito, sous divers déguisements, presque toujours seul, quelquefois accompagné de sainte Catherine. La nuit, il s'asseyait près de leurs lits, tandis qu'ils dormaient. Il prenait leurs menottes dans ses grosses mains, et aussitôt les chers petits rêvaient de jouets merveilleux ; puis, quand ils s'éveillaient, ils trouvaient dans la cheminée une arche de Noé ou une poupée magnifique.

Aux enfants abandonnés, qui vont par les chemins, il indiquait les fermes hospitalières, ou bien même il leur faisait un pas de conduite en leur racontant des histoires de l'autre monde, et la route leur semblait moins longue et la vie moins amère.

De temps en temps, on le voyait apparaître dans les écoles la mitre en tête et la crosse à la main, ce qui intimidait fort les écoliers. Il avait toujours dans ses poches, à ce que dit la chanson, de bons gâteaux et de bonnes brioches pour les enfants obéissants. Il est vrai qu'il apportait aussi des verges pour les autres; mais il ne s'en servait jamais.

Il parcourait de préférence les Pays-Bas, les Flandres et surtout la Lorraine, dont il est le patron : c'est pourquoi aujourd'hui encore on n'y trouverait pas un village où l'enseigne de quelque auberge : « Au grand saint Nicolas ! » ne rappelât qu'il s'y arrêta un beau jour afin de s'y reposer et de faire donner un pichet d'avoine à son âne ; car il était presque toujours suivi d'un âne pliant sous le poids de ses paniers chargés de bonbons, d'oranges

Car il était presque toujours suivi d'un âne pliant sous le poids de ses paniers.

et de jouets, si bien qu'on dit encore par là de quelqu'un qui porte un lourd fardeau : « Il est chargé comme la bourrique à saint Nicolas. »

De nos jours, le bon saint ne vient plus qu'une fois l'an, le 6 décembre, visiter ses petits amis. Il descend chez eux par la cheminée et dépose discrètement ses présents dans les souliers qu'ils ont placés avant de se coucher devant l'âtre éteint. Encore quelques-uns prétendent-ils qu'il ne prend plus la peine de faire ses commissions lui-même et qu'il en charge volontiers les papas et les mamans, lesquels s'en acquittent d'ailleurs avec beaucoup de plaisir.

Saint Nicolas, mon bon patron,
Donnez-nous toujours du bon temps.
(Ronde enfantine.)

Exercice écrit. — 1. Quel est le patron des petits garçons, la patronne des petites filles ? — 2. Au temps jadis, que faisait saint Nicolas pour ses protégés ? — 3. Comment venait-il en aide aux petits vagabonds ? — 4. Comment apparaissait-il parfois dans les écoles ? — 5. Quel pays parcourait-il de préférence ? — 6. A qui s'applique le dicton : chargé comme la bourrique à saint Nicolas ? — 7. De notre temps, quel jour saint Nicolas vient-il encore sur la terre ?

II

Quoi qu'il en soit de ces vieilles légendes, saint Nicolas est resté très populaire parmi les petits garçons de tous pays, qui ont conservé la coutume de célébrer la mémoire de leur antique patron par de gaies et cordiales réunions.

C'est ainsi que, le 6 décembre dernier, notre ami Jean avait joyeusement fêté la Saint-Nicolas chez ses grands-parents avec ses cousins et ses cousines.

« T'es-tu bien amusé ? lui demanda sa mère quand il revint à la maison.

— Oh ! oui, mère, répondit-il encore tout animé de plaisir. Nous étions au moins quinze invités. C'est grand-père qui nous a servis. Au dessert, grand'mère nous a chanté la complainte des trois petits enfants. Tu sais : le boucher les avait tués et mis dans le saloir ; mais voilà qu'au bout de sept ans, saint Nicolas passa par là.

> Petits enfants qui dormez là,
> Je suis le grand saint Nicolas.
> Et le saint étendit trois doigts ;
> Les petits se lèvent tous trois.

Nous répétions tous le refrain.

> Il était trois petits enfants
> Qui s'en allaient glaner aux champs.

Je me rappelle aussi le dernier couplet, le plus joli de tous. Écoute :

> Le premier dit : J'ai bien dormi ;
> Le second dit : Et moi aussi ;
> Et le troisième répondit :
> Je me croyais en paradis.

Moi je m'y serais cru aussi en paradis, si j'avais eu un autre voisin que mon cousin Pierre ; mais il est insupportable.

—Bon, voici une autre histoire... Je croyais, au contraire, que ton cousin Pierre était un enfant aimable et joyeux.

— Oui, c'est un bon camarade ; mais il se tient vraiment trop mal à table. Il mange malproprement et avec bruit ;

Le premier dit : J'ai bien dormi.

il met ses doigts dans la sauce en y trempant son pain, il boit sans essuyer ses lèvres et à gros coups ; avoue que c'est répugnant.

— En effet, j'aurais vraiment honte de te voir agir ainsi ; mais est-ce que...

— Et puis, ajoute Jean en interrompant sa mère, quand on lui passait le plat, il retournait tous les morceaux pour se choisir le meilleur ; il a refusé le poisson en disant tout haut qu'il sentait trop la marée, et il a redemandé trois fois de la brioche. Si saint Nicolas l'a vu, il n'a pas dû être content ; l'année prochaine, il pourra bien lui apporter des verges.

— Tu es bien sévère, mon Jean. Ton cousin s'est mal conduit, cela est certain ; mais peut-être n'est-il pas si coupable que tu le penses. Il n'a plus de mère pour s'occuper de lui, comme je m'occupe, moi, de certain Jean de ma connaissance qui me paraît bien dur. Et si saint Nicolas vous a vus, comme tu dis, tous les deux, je ne sais pas s'il ne préférerait point l'enfant qui se tient mal à table à celui qui se montre si prompt à médire. A ta place, puisque Pierre est gentil, j'aurais essayé de lui donner quelques conseils ; il t'aurait sans doute écouté avec plaisir.

— Tu as raison, mère, reprit Jean, qui avait bon cœur ; veux-tu que je l'invite pour dimanche ? J'essaierai de réparer ma faute. »

Voilà comment, grâce sans doute au grand saint Nicolas, tout au moins à l'occasion de sa fête, Pierre et Jean devinrent les meilleurs

amis du monde et se corrigèrent mutuelle-
ment de leurs défauts.

> *Soyons indulgents pour les autres afin de mériter que les autres soient indul-gents pour nous.*
>
> *Quel est celui qui n'a rien à se reprocher ?*

Exercice écrit. — **1.** Quelle coutume subsiste encore
parmi les enfants de beaucoup de pays ? — **2.** Dites ce
que fit l'ami Jean le 6 décembre dernier. — **3.** Qu'est-ce
qui lui causa le plus de plaisir ? — **4.** Pourquoi eut-il à
souffrir du voisinage de son cousin Pierre ? — **5.** Pourquoi celui-ci est-il excusable ? — **6.** Comment Jean
aurait-il dû agir vis-à-vis de son cousin ? — **7.** Comment
répara-t-il sa faute ? Quel profit retira-t-il de sa conduite ?

Un mauvais caractère.

I

La maman. — « Pierre ! allons, Pierre,
debout ! sept heures sonnent.

Pierre, *gémissant.* — Oh ! déjà ! j'ai encore
bien sommeil. Non, laisse-moi !

La maman. — Lève-toi, il est temps ; tu
sais bien qu'il me faut une heure pour vous

habiller tous les trois ; si tu dors encore, vous ne serez pas prêts pour la classe.

PIERRE. — Tu commences toujours par moi. Pourquoi pas par les autres ?

LA MAMAN. — C'est que les autres sont plus petits. Tu es l'aîné : tu peux bien te déranger pour eux. Du reste, il est inutile de discuter. Lève-toi et ne fais pas de bruit. »

Pierre crie et se renfonce dans le lit, puis il geint et pleurniche.

« Je ne veux pas ! j'ai mal à la tête ! Cela m'ennuie d'être toujours grondé. »

Le tapage qu'il fait réveille en sursaut sa sœur Lucie et son petit frère Jean. Celui-ci est tout effrayé : il tend les bras vers sa mère, le cœur gros et la larme à l'œil : « N'aie pas peur, mon chéri. C'est Pierre qui est méchant, mais il y gagnera de s'arranger seul, car je n'ai plus que le temps de m'occuper de vous. »

Pierre continue à crier ; mais comme personne ne s'en émeut, il prend le parti de se taire et se met à sa toilette. Seulement, pour se laver, il vide presque entièrement la cruche d'eau que sa mère vient d'apporter ; il répand d'un mouvement brusque la moitié du reste sur les vêtements des petits ; en cirant ses souliers, il disperse comme à plaisir les brosses et le cirage ; il bouleverse son lit sans raison et enfin secoue ses effets au nez

de ses frères et sœurs avec un tapage assour-
dissant.

La pauvre mère, beaucoup trop bonne, se
contente de le gronder et de réparer le désordre, avec l'aide de la gentille Lucie, qui
est tout attristée de la conduite de son frère.

Ensuite monsieur Sans-Gêne prétend qu'il
est pressé, et, malgré une défense formelle, il

Voilà toujours deux gifles que tu n'as pas volées.

se précipite à la cuisine où il se sert lui-même
à déjeuner. Inutile d'ajouter qu'il prend la
meilleure part et ne laisse aux autres que
ses rebuts.

« Tu souperas de pain sec ce soir ! s'écrie
la mère indignée.

— Cela m'est bien égal : j'irai voler des
noix.

— Voilà toujours deux gifles que tu n'as
pas volées, dit en le souffletant son père,

qui a entendu ce beau discours. Allons, houp! à l'école; prends la main de Jean et tâche de marcher droit! »

Le mauvais garçon ne répond pas; il a perdu un peu de son audace. Toutefois sa figure maussade n'annonce rien de bon. Aussi sa mère, craignant qu'il ne malmène son petit frère, recommande-t-elle à la bonne Lucie de veiller sur ce dernier.

Que penser d'un enfant tel que Pierre? A la maison il est une cause de désordre. au dehors, une cause de douleur?

Exercice écrit. — **1.** Pourquoi Pierre aurait-il dû se lever le premier et sans bruit? — **2.** Que fait-il au contraire? — **3.** Que lui vaut sa mauvaise humeur? — **4.** Comment fait-il sa toilette? — **5.** Comment déjeune-t-il? — **6.** Quel châtiment lui inflige sa mère et par quelle nouvelle impertinence lui répond-il? — **7.** Qui intervient alors et comment? — **8.** Que pensez-vous de la conduite de Pierre?

II

Cependant, pour obéir à son père, qui le surveille et le suit de l'œil, Pierre donne la main à son frère; mais le pauvre petit n'a pas lieu de s'en réjouir : sous prétexte de l'aider, Pierre le houspille et le force à courir.

JEAN. « Tu vas trop vite, je ne puis pas te suivre.

PIERRE. — Tant pis pour toi, petit pleurard ; dépêche-toi, je ne veux pas arriver en retard.

JEAN. — Lucie ! il me serre trop la main !

LUCIE. — Laisse-le venir avec moi, va,

Pendant ce temps, monsieur Sans-Gêne joue à la toupie.

Pierre. S'il pleure fort, papa l'entendra, et tu seras encore grondé.

PIERRE. — Je veux bien que tu le conduises, mais à condition que tu portes mon sac.

LUCIE. — Eh bien, donne ton sac ! »

Et la gentille enfant conduit Jean doucement, malgré les deux sacs qui pèsent lourdement à son bras. Pendant ce temps, monsieur Sans-Gêne joue à la toupie et, chemin faisant, il s'amuse à effrayer les poules et les chiens qu'il rencontre.

A l'école, on se sépare. Pierre se range

parmi ses camarades en les bousculant. Un murmure s'élève ; mais le maître impose silence et l'on se met au travail. Pierre étend ses coudes sur la table de façon à occuper trois places à lui seul.

UN VOISIN. « Retire donc ton bras, je ne peux pas écrire.

PIERRE, *avec un mouvement de colère.* — Tu m'ennuies !

LE VOISIN. — Je vais le dire au maître !

PIERRE. — Fais le rapporteur, je te le conseille, et tu me le paieras à la récréation ! »

Le maître marqué une mauvaise note aux deux enfants pour leur tapage, et Pierre laisse punir son camarade, sans se douter qu'il commet une grosse injustice.

L'AUTRE VOISIN. « Veux-tu me prêter ta règle ?

PIERRE. — Prends la tienne.

LE VOISIN. — Je l'ai oubliée.

PIERRE. — Tant pis ! je ne prête pas mes affaires. »

Heureusement, il y a des camarades plus obligeants que lui.

A la récréation, aucun enfant n'aime à jouer avec Pierre, car on le sait mauvais compagnon. Comme d'habitude, il garde sa toupie pour lui seul ; il exige cependant que le petit Georges lui prête son ballon qu'il ne lui rend plus, et le pauvre enfant est réduit à pleurer dans un coin.

On organise une armée pour jouer à la guerre ; aussitôt Pierre déclare qu'il préfère une partie de barres. Comme il est seul de son avis, il consent à s'enrôler ; mais il veut être le général. Il s'emporte contre les soldats lents à obéir ; il en bouscule même un si rudement, que celui-ci se révolte et envoie sur l'œil de son général un coup de poing qui lui fait voir trente-six chandelles.

Cette fois, Maître-Pierre a trouvé à qui parler. Personne ne le plaint, tellement il est détesté pour sa brutalité et son égoïsme.

A tyranniser plus faible que soi, on ne gagne pas l'affection de ses camarades.

Peut-être l'exemple de la petite Lucie, si douce, si prévenante, le corrigera-t-il. Il faut le souhaiter pour lui ; s'il continuait, il deviendrait un mauvais sujet ; il ferait la honte de ses parents et se préparerait bien des misères ; car les méchants, en nuisant aux autres, se rendent eux-mêmes malheureux.

L'égoïste est toujours puni par le mépris, l'abandon et la juste vengeance des autres.

Exercice écrit. — **1.** Quel sentiment pousse Pierre à obéir à son père ? — **2.** Pourquoi traite-t-il si mal le petit Jean ? — **3.** Que fait alors Lucie ? — **4.** Que devrait penser Pierre en la voyant si bonne ? — **5.** Que fait-il au lieu de réparer sa faute ? — **6.** Rappelez sa conduite en classe. — **7.** Rappelez sa conduite en récréation. — **8.** Que gagne-t-il à se montrer mauvais camarade ?

En attendant Marie.

A Quingey en Quingeois, c'est l'usage le dimanche que les fillettes se réunissent sur la place de l'église pour se rendre ensemble à la messe, au dernier coup sonnant. Elles se groupent à l'ombre sous les platanes par petites bandes de trois ou quatre, ou bien se promènent de long en large en se montrant leurs toilettes et en se racontant les nouvelles de la semaine.

Les conversations vont bon train et le prochain n'y est pas épargné. On admire, on critique, on se moque, on médit. Les coquettes font la roue, les curieuses questionnent, les bavardes pérorent et les mauvaises langues — car il y en a même parmi les fillettes de Quingey — daubent de leur mieux sur autrui.

Le jour de l'Assomption, trois amies, Caroline, Alix et Rose, arrivées des premières sur la place, toutes trois assez gentilles, avec des yeux rieurs, mais jasant volontiers dès le matin, paraissaient attendre quelqu'un ou quelque chose avec impatience.

« Cette Marie ne peut jamais venir à l'heure, disait Rose ; elle est insupportable !

— Sans doute le nœud de sa ceinture ne se fait pas à son gré, ajouta Caroline.

— Vous oubliez, Mesdemoiselles, reprit Alix, que c'est aujourd'hui le 15 août, jour

Cette Marie ne peut jamais venir à l'heure.

de sa fête ; elle va arborer la robe neuve que sa mère lui donne toujours à cette occasion ; ne faut-il pas qu'elle se regarde dans toutes les glaces et qu'elle s'assure que son corsage n'a pas de faux plis, avant de se décider à sortir ? Préparons-nous à être éblouies !

— En effet, elle est d'une coquetterie !...

Elle passe trois fois plus de temps qu'une autre à sa toilette.

— Et comme c'est agréable de se promener avec elle ! « Oh ! n'allons pas par là : il y a de la boue, je salirais mes bottines ; » ou bien : « Il y a trop de vent, je vais être toute défrisée ! » ou bien : « Je ne cueille pas de mûres, cela salit trop les doigts. » Elle n'est bonne qu'à mettre dans une boîte.

— Si encore ses beaux atours la rendaient jolie ; mais elle perd son temps à s'attifer et n'en reste pas moins un laideron, avec sa bouche fendue jusqu'aux oreilles et ses yeux morts qui ne disent rien.

— Eh ! mon Dieu, c'est qu'ils n'ont rien à dire ! Elle n'en pense pas si long : elle n'a pas un sou d'esprit.

— C'est à se demander comment elle a pu passer autrefois pour une des bonnes élèves de l'école ; mais elle est de la race des gens qui savent se faire valoir : un petit air sainte-nitouche, un sourire doucereux, une flatterie adroitement glissée de temps en temps, et les naïfs s'y laissent prendre.

— Justement ! j'avais bien remarqué comme toi qu'elle était flatteuse.

— Et dissimulée !

— Et intrigante !

— Tous mes compliments ! Mesdemoiselles, dit tout à coup derrière les trois péronnelles leur ancienne maîtresse qui les écoutait depuis un moment : c'est un plaisir de vous voir habiller vos amies de toutes pièces. Cependant personne mieux que vous ne sait que cette pauvre Marie est une brave enfant. Elle a tort de vous faire attendre, je le veux bien ; mais combien vous êtes plus coupables de la critiquer si injustement ! La médisance, mes chères petites, est le chemin de la méchanceté ; vous la croyez un jeu d'esprit inoffensif ; elle empoisonne l'amitié ; elle provoque la désunion, la haine et le malheur. »

Loyauté soit en votre compagnie,
Pitié aussi, et ne médites mie.
            (Vieille sentence.)

Exercice écrit. — **1.** Rappelez quelle est l'habitude des fillettes le dimanche à Quingey. — **2.** Dites ce que vous savez du caractère des trois amies. — **3.** Quelle idée vous faites-vous de Marie ? — **4.** Est-ce ou non une faute de donner du soin à sa toilette et de se regarder dans les glaces, et pourquoi ? — **5.** Quelle leçon adresse aux trois fillettes leur ancienne institutrice ?

Pauvre Félix!

I

Les enfants boudeurs et jaloux sont vraiment bien à plaindre; tout les froisse et les irrite. Ils s'imaginent que personne ne les aime, et cela contribue à les empêcher d'être aimables. Si on les contredit, ils se fâchent; si on les gronde, ils prennent un air maussade et renfrogné; leur défaut les rend malheureux et finit par éloigner d'eux tout le monde.

C'est ainsi que Félix passe la moitié de son temps à se plaindre des autres et l'autre moitié à faire la mine dans quelque coin. Ni ses camarades, ni son frère Maurice lui-même ne veulent plus de lui pour compagnon de jeu; et sa sœur Marcelle a presque renoncé à lui être agréable, quoiqu'elle en ait grande envie et qu'elle souffre autant que lui de son mauvais caractère. Il n'est pas de partie de plaisir qu'il ne gâte par ses exigences ou son humeur grognonne.

Jeudi dernier, au moment où il allait partir avec son frère et sa sœur, une grosse averse survint.

« A quoi allons-nous jouer en attendant le beau temps? demande Maurice.

— Au postillon, propose Félix.

— Non, répond Marcelle; cela fait trop de

poussière et de bruit ; maman n'aime pas ce jeu-là ; prenons les dominos. »

Maurice cède aussitôt ; Félix récrimine : « Il suffit, dit-il, que j'aie envie de quelque chose pour qu'on veuille le contraire. » Il s'assied pourtant devant la table, hérissé comme un chat fâché, et se mêle à la partie ; mais il affecte de poser ses dominos distraitement et

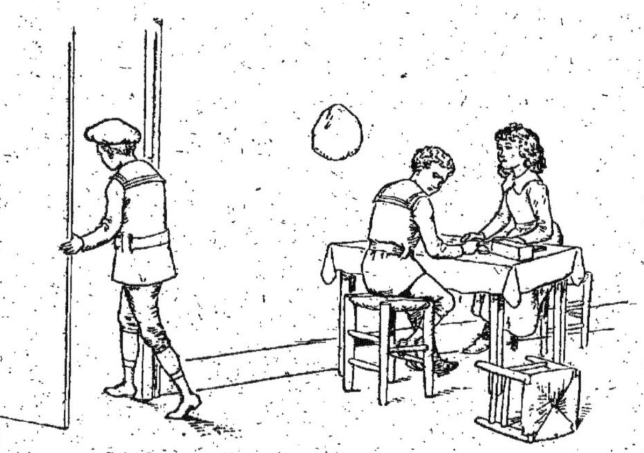

Là-dessus, il part en frappant la porte.

souvent à contresens. Il met tant d'obstination à mal jouer, que Maurice, qui avait feint d'abord de ne pas s'en apercevoir, finit par risquer une observation : « On te demande du six et tu donnes du cinq ; fais donc attention !

— Dis tout de suite que je triche ; ce sera plus simple.

— Mais non, je ne le pense pas ; tu t'es trompé et tu recommenceras, voilà tout. »

Félix reprend son domino et en lance un

autre violemment de façon à déranger tout le
jeu.

« Tu devrais jouer un peu plus doucement,
lui dit la bonne Marcelle.

— Je suis mauvais joueur, sans doute !

— Non, tu es grognon, et c'est assez pour
gâter notre plaisir

— Ah ! je suis grognon ; eh bien ! je m'en
vais ; vous vous amuserez sans moi, puisque
vous ne m'aimez pas. »

Là-dessus il part en frappant la porte, pen-
dant que son frère et sa sœur se regardent
consternés : ils n'ont plus envie de jouer.
Marcelle, le cœur gros, se dispose à suivre
Félix pour le consoler et le ramener ; mais
Maurice la retient. Qu'il boude à son aise !
S'il s'ennuie un peu dans son coin, il ne
l'aura pas volé.

*Les jaloux ne peuvent s'en prendre
Qu'à eux-mêmes de leur propre misère ;
Aussi personne n'en a-t-il pitié.*

Exercice écrit. — **1.** Faites le portrait de Félix. —
2. Dites ce que vous savez du caractère de Maurice et de
Marcelle. — **3.** Dans quelles circonstances Félix com-
mence-t-il à bouder ? Montrez son tort. — **4.** Comment
joue-t-il aux dominos ? — **5.** Comment reçoit-il les observations de son frère et de sa sœur ?

II

La pluie a cessé, le ciel est redevenu bleu.

« Marcelle! Maurice! » Qui donc appelle? Serait-ce Félix enfin mieux disposé? Non, c'est Antoine et Gervais, les deux cousins des enfants, qui accourent avec des cris joyeux. « Venez vite! Papa vient nous chercher avec le char à bancs; prenez vos lignes; on va pêcher à l'étang du moulin.

— Bravo! bravo! répond Maurice qui se prépare à la hâte.

— Mais on ne voit pas Félix, remarque Antoine; où est-il encore?

— Au jardin, probablement, dit Marcelle; allons le chercher! »

Les quatre enfants se précipitent en appelant : Félix! Félix!...

Au lieu de répondre, le boudeur, qui s'était en effet réfugié dans le jardin, se cache derrière un buisson de noisetiers pour qu'on ne le trouve pas. « Pourquoi irais-je avec eux? se dit-il. Ils ne tiennent pas à moi; je resterai ici. »

« Arrive donc, Félix! » crie encore une fois Marcelle, peinée de l'entêtement de son frère. Mais celui-ci s'obstine à ne pas donner signe de vie.

« Partez, mes enfants, dit alors le père qui

intervient; et puisque Félix ne veut pas se montrer, ne vous occupez plus de lui. »

On obéit. Au bout d'une grosse demi-heure, notre jaloux, fatigué de sa solitude, rentre assez penaud à la maison, où il ne trouve que son père grave et triste.

« Où sont Maurice et Marcelle ? demande-t-il.

— Partis pour pêcher à l'étang du moulin avec ton oncle et tes cousins.

— Sans moi !

— Eh oui ! puisque tu n'as pas voulu aller avec eux.

— Ils étaient trop contents de me laisser.

— Tu es injuste, mon ami ; ils t'ont cherché et appelé, et ne se sont décidés, malgré eux, à te laisser, comme tu le dis, que parce que je le leur ai ordonné.

— Tu les aimes mieux que moi, je le sais bien.

« — Non, mon pauvre enfant; ils se laissent mieux aimer, voilà tout, et ne refusent pas comme toi les occasions d'être heureux. Comprends donc enfin combien ta sotte jalousie te nuit et nous afflige. Vois ce que tu as fait aujourd'hui; tu as commencé à jouer en rechignant pendant la pluie; puis tu t'es privé d'une bonne partie par ta mauvaise humeur; enfin, sans parler de la peine que tu nous causes, tu as gâté le plaisir de Marcelle, de Maurice et de tes cousins. »

Félix baisse la tête. Pour la première fois, il se rend compte qu'il est l'auteur des maux dont il souffre. Puisse-t-il n'avoir pas besoin de beaucoup de leçons semblables pour se guérir !

La jalousie nous rend
méchants & injustes.
Elle nous empêche de jouir
de l'affection qu'on nous
témoigne & d'y répondre;
c'est une source de
chagrins pour nous-mêmes
& pour les autres.

Exercice écrit. — **1.** Quelle partie de plaisir propose-t-on à Marcelle et à Maurice? — **2.** Pourquoi Félix se cache-t-il dans le jardin au lieu de répondre à leurs appels? — **3.** Comment le père intervient-il? — **4.** Comment Félix passe-t-il son après-midi? — **5.** Que lui fait alors remarquer son père? — **6.** En quoi consiste la jalousie?

Où l'on voit qu'il y a différentes manières d'aller aux fraises.

I

Vers la mi-juin, les fraises des bois commencent à mûrir et, dans nos villages forestiers, c'est une joie pour les écoliers de courir à travers les taillis ou sous les hautes futaies à la recherche des jolis fruits rouges et parfumés. Les plus courageux y partent dès le fin matin, leur dîner dans un sac de toile bise; mais c'est le petit nombre; la plupart ne se mettent en route qu'après le repas de midi; et comme les jours sont longs à cette époque de l'année, ils trouvent encore le moyen d'emplir leurs paniers avant la nuit.

Arrivés au bois, chacun tire de son côté un peu à l'aventure : ici les fraises sont rares, ailleurs elles abondent; il s'agit de découvrir les bonnes places. De temps en temps on se hèle : houp! houp! pour ne pas s'égarer.

Le soleil filtre à travers les branches et découpe sur le sol des taches lumineuses. La forêt sent bon ; les digitales, les menthes, les aspérules aux blanches fleurettes, les mousses humides elles-mêmes embaument l'air de leurs parfums sauvages. Des mésanges bleues, que rien n'effraye, voltigent avec de petits cris autour des chercheurs de fraises, tandis qu'un merle à bec jaune siffle en fuyant dans les noisetiers et que les tourterelles roucoulent

Il s'agit de découvrir les bonnes places.

au sommet des chênes. Parfois un écureuil, surpris à terre, bondit rapidement jusqu'à la fourche d'un gros arbre ; ou bien encore un lièvre dérangé dans son sommeil débusque tout à coup du milieu des broussailles, les oreilles couchées, la queue en l'air, si soudainement qu'il vous fait peur et que, de frayeur, vous laissez tomber votre panier.

A quatre heures, on se rassemble pour goûter auprès d'une claire fontaine. Tout en mangeant de bon appétit, on se montre les paniers déjà bien garnis et on se raconte les incidents de la journée ; puis on se remet en chasse jusqu'à ce que le soir tombant avertisse qu'il faut songer à regagner le logis.

Croyez-moi, il n'y a pas de plaisir pareil !

> Quand de juin s'éveille le mois,
> Allez voir les fraises des bois
> Qui rougissent dans la verdure ;
> Plus rouges que le vif corail,
> Balançant comme un éventail
> Leur feuille à triple découpure.
>
> (P. Dupont.

Exercice écrit. — **1.** A quelle époque et par qui se fait dans les bois la cueillette des fraises ? — **2.** Quelles fleurs, quels oiseaux, quels animaux trouve-t-on dans les bois ? — **3.** Quel est le grand fabuliste qui s'est occupé des bêtes des bois ? — Quel caractère leur prête-t-il ? — **4.** Quelle impression produit sur vous la fuite brusque des animaux que vous effarouchez, un oiseau dans un buisson, une grenouille au bord d'un ruisseau, un lièvre au bois ? — **5.** Qu'a-t-on à se raconter lorsqu'on se réunit à quatre heures pour goûter ?

II

Donc, un beau jeudi, Eugène, suivi de son petit frère Henri, l'estomac lesté d'une bonne soupe, s'en fut prendre chez lui le grand Fernand, qui lui avait donné rendez-vous la veille pour aller aux fraises.

« Est-ce que tu comptes emmener ce moutard-là ? demanda celui-ci. Qu'est-ce qu'on en fera ? On ne pourra pas marcher avec lui.

— Mais si ! il trotte bien, et puis le bois n'est pas loin. S'il est trop fatigué, je le porterai sur mon dos. D'ailleurs, nous nous ennuierions l'un sans l'autre. »

Fernand maugréa, mais il ne trouva rien à répondre. On partit, et le petit Henri allongeait bravement les jambes pour montrer qu'il était capable de suivre les autres.

Comme ils passaient devant la mère Nanette, celle-ci les arrêta. Elle est vieille comme le monde, la bonne mère Nanette, courbée, cassée, ridée, ratatinée, et depuis longtemps presque incapable de marcher ou de travailler. Son seul plaisir consiste à s'asseoir à midi sur le seuil de la porte pour jouir du soleil et regarder les passants.

« Où courez-vous si vite, tous les trois ? leur dit-elle.

— Au bois, chercher des fraises, répondit Eugène. Voulez-vous qu'on vous en rapporte ?

— Mais oui, petiot, tu es bien gentil : cela me fera plaisir. Ah ! j'en ai cueilli dans mon temps ! elles valaient quatre sous l'assiette. Dans les bonnes années j'en vendais pour une vingtaine de francs. C'est du côté de la fontaine de Saint-Fiacre qu'il y en avait le plus.

— C'est justement là que nous allons ; et si nous en rapportons, comme je l'espère, je vous en donnerai une belle assiette et qui ne vous coûtera pas si cher qu'au marché. »

Cependant, Fernand le bourru s'impatientait : « Est-ce qu'on s'en va, à la fin ? grommela-t-il. Si tu as envie de perdre ton temps à causer avec toutes les vieilles femmes que tu rencontreras, il faut le dire, je partirai tout seul. D'abord, je ne veux pas aller à Saint-Fiacre, mais à Saut-Bibi. La source est plus belle : elle ne tarit jamais.

— C'est bien trop loin pour Henri, répondit Eugène, et puis je ne connais pas les chemins, et l'on dit qu'il n'y a pas de fraises par là. »

Fernand assura qu'on en trouverait et déclara qu'il irait sans eux. Il ne craignait pas de se perdre : l'année dernière, son père l'avait conduit aux noisettes de ce côté. Il fut convenu qu'il reprendrait Eugène et Henri, vers quatre heures, à la fontaine de Saint-Fiacre.

Comme ils arrivaient à la forêt, ils rencontrèrent le bonhomme Richard qui tirait péniblement dans les chemins cahoteux sa petite voiture chargée de bois mort.

« Si nous l'aidions ? dit Eugène à Fernand.

— Merci bien ! répondit celui-ci ; je suis venu ici pour chercher des fraises et non pour pousser des carrioles. » Et il partit dans la direction de Saut-Bibi, pendant qu'Eugène et

Henri lui-même, tout petit qu'il fût, s'escri-
maient de leur mieux derrière la voiture. Ils
ne l'abandonnèrent que lorsqu'elle roula toute
seule sur la grande route.

Le bonhomme les remercia : « Vos bras ne

Eugène et Henri lui-même, tout petit qu'il est, s'escriment de leur mieux
derrière la voiture.

sont pas encore bien gros, mais on les sent
tout de même ; si je rencontre votre père, je
lui dirai qu'il a deux bons garçons. »

Rouge au dehors, blanche au dedans,
Comme les lèvres sur les dents,
La fraise épand sa douce haleine
Qui tient de l'ambre et du rosier ;
Quand elle monte du fraisier,
On sait que la fraise est prochaine.

(P. Dupont)

Exercice écrit. — 1. Pourquoi Fernand est-il mécontent de voir arriver le petit Henri avec son frère Eugène?— 2. Quel défaut cela prouve-t-il chez lui ?— 3. Quelles qualités au contraire devine-t-on chez Eugène ?—4. Pourquoi la vieille Nanette aime-t-elle à s'asseoir sur le seuil de sa porte ?— 5. Que pensez-vous de la conduite d'Eugène vis-à-vis d'elle ? — 6. Quelle rencontre font les enfants en arrivant dans la forêt ? — 7. Comment se conduisent-ils en cette occasion ?

III

Nos amis, ravis du compliment et joyeux du service rendu, s'enfoncèrent sous bois et se mirent avec ardeur à la recherche des fraises. Durant trois heures, ils fouillèrent les taillis en tous sens dans les environs de la fontaine de Saint-Fiacre, où la mère Nanette en avait tant cueilli dans son jeune temps. Il faut croire que les fraises se plaisent en effet dans ce canton, car ils en trouvèrent beaucoup. Le petit Henri poussait des cris d'admiration : « Qu'elles sont grosses ! Il y en a à poignées ! Regarde donc, Eugène, les belles rouges ! »

Quand ils eurent rempli leurs paniers, ils s'assirent, pour goûter, près de la source qui jaillit assez abondamment au milieu d'une clairière, et, après s'être lavé les mains et rafraîchi le visage dans l'eau limpide, ils commencèrent un festin de rois.

Cependant, Fernand ne revenait pas.

« Comme il reste longtemps par là ! dit Eugène ; pourvu qu'il ne lui soit rien arrivé ! Il faut l'appeler. » Il mit ses mains devant sa bouche et poussa un « houp » sonore et prolongé qui retentit dans la forêt. Loin, bien loin, un cri lui renvoya son appel. Deux ou trois fois encore il répéta le signal de ralliement : toujours la même voix, qu'il ne recon-

Il mit ses mains devant sa bouche et poussa un « houp » sonore...

naissait pas pour celle de Fernand, répondit à la sienne en se rapprochant de plus en plus.

Soudain un monsieur et une dame débouchèrent dans la clairière :

« Pourriez-vous nous indiquer le chemin du village, mes petits amis ? Nous avons voulu traverser le bois et nous nous sommes perdus.

— Volontiers, Monsieur, répondit Eugène avec empressement. Il faut suivre ce sentier pendant cinq minutes, puis en prendre un à droite, puis un deuxième à gauche; vous arriverez à la tranchée; elle vous conduira à un chemin d'exploitation qui aboutit à la grande route. »

Le monsieur et la dame se regardèrent interdits; évidemment ils craignaient de s'égarer encore une fois dans le dédale de la forêt.

« Je m'explique mal, reprit Eugène, devinant leur embarras; mais nous allons vous montrer le chemin, cela vaudra mieux. Fernand reviendra bien sans nous.

— Qui appelez-vous Fernand? demanda la dame.

— C'est un de nos camarades qui cherche aussi des fraises et qui devait nous rejoindre ici; mais il connaît le bois et n'a pas besoin de nous; d'ailleurs nous ne pouvons pas l'attendre plus longtemps, car il se fait tard. Allons, Henri, partons! »

Qui veut des fraises du bois joli?
En voici,
En voici mon panier tout rempli
De fraises du bois joli!

Exercice écrit. — **1.** Pourquoi Eugène et Henri sont-ils joyeux ? — **2.** Que leur arrive-t-il d'heureux dans la forêt ? — **3.** Pourquoi Eugène s'inquiétait-il au sujet de Fernand ? — **4.** Quand il appela celui-ci, qui lui répondit ? — **5.** Quel service les étrangers demandèrent-ils à Eugène ?

IV

Les deux frères prirent leurs paniers et l'on se mit en route. L'aîné répondait gentiment aux questions qu'on lui posait sur les produits du bois, sur les environs, sur sa famille et sur l'école ; les étrangers semblaient enchantés de son bon sens et de sa belle humeur.

Enfin on atteignit le village. Eugène ôta poliment son chapeau : « Nous sommes arrivés ; au revoir, Monsieur et Madame ; je vous laisse pour porter des fraises à la mère Nanette.

— Merci, mon petit ami ; vous avez été fort obligeant et vous nous avez rendu un grand service. Prenez ceci pour votre dérangement, » ajouta le monsieur en lui donnant une belle pièce de cinq francs, pendant que la dame embrassait Henri sur les deux joues.

Les enfants, ébahis, ne trouvèrent rien à répondre. Enfin, s'étant remis, ils s'en furent tout droit chez la mère Nanette. « Oh ! les belles fraises ! dit celle-ci ; vous êtes de bons garçons de n'avoir pas oublié la pauvre vieille. Mais j'ai pensé aussi à vous, et voilà deux pots de confitures que je vous ai prépa-rés. C'est Henri qui les portera. »

Comme ils approchaient de leur maison, ils retrouvèrent le grand Fernand et lui racon-tèrent ce qui leur était arrivé. Il ne s'en mon-tra pas trop jaloux, quoique, pour son compte,

« Merci, mon petit ami; vous avez été fort obligeant et vous nous avez rendu un grand service. »

il n'eût pas lieu de se réjouir beaucoup de sa journée. Après avoir erré à travers bois sans découvrir sa fameuse source de Saut-Bibi, il avait fini par se trouver de l'autre côté de la forêt bien fatigué, et il était revenu au village par le plus court chemin. On ne le reprendrait plus à aller aux fraises.

Tandis qu'il rentrait chez ses parents les mains vides et mécontent de lui-même, Eugène et Henri montraient fièrement leurs richesses à leur mère. « Vous me rapportez de beaux cadeaux, fit-elle tout attendrie ; mais j'ai encore eu plus de plaisir quand le père Richard, que vous avez aidé, m'a dit : Vos fils sont de braves cœurs. »

Être bon, voyez-vous, mes enfants, c'est encore le meilleur moyen d'être heureux.

Exercice écrit. — **1.** Racontez comment Eugène quitta les deux étrangers. — **2.** Comment ceux-ci remercièrent-ils les enfants ? — **3.** Pourquoi les enfants furent-ils si étonnés ? — **4.** Que fait la vieille Nanette quand ils lui apportent des fraises ? — **5.** Quel profit avait de son côté retiré Fernand de sa course dans le bois ? — **6.** De quoi la mère d'Eugène et d'Henri se montra-t-elle surtout contente ? — **7.** Quel est le meilleur moyen d'être heureux ?

Les étrennes des pauvres.

Quelques jours avant le premier janvier, quatre enfants, tout en se chauffant autour d'un bon feu, parlaient des étrennes prochaines.

« Je veux en donner aux pauvres, disait Marie, une fillette de dix ans ; pas avec l'argent de papa et de maman, mais des choses que je ferai moi-même : des jupons, des bas, des fichus.

— Moi aussi, ajouta vivement Hélène ; toutes les femmes qui viendront mendier le jour de l'an recevront un cadeau de nous. Toi, Louis, tu t'occuperas des hommes.

— Oui, répondit le petit garçon transporté, je m'en charge. Je leur fabriquerai des fagots dans le bois, pour qu'ils aient un bon feu comme nous et qu'ils ne grelottent pas chez eux.

— Et moi, dit Georget, je ferai aussi quelque chose ; mais je ne veux pas dire quoi.

— Comment, toi aussi ! un bambin de quatre ans ! »

Le grand frère et les sœurs hochèrent la tête d'un air incrédule et embrassèrent en riant Georget ; puis ils se séparèrent pour mettre chacun de leur côté leurs projets à exécution, après avoir décidé de se réunir à nouveau le 31 décembre.

Ils se sentaient pleins d'enthousiasme et capables d'accomplir des merveilles, car la seule pensée d'une bonne œuvre nous réchauffe le cœur et nous rend heureux.

Cependant Marie et Hélène vident leurs armoires et passent en revue leurs richesses : écheveaux de laine, bouts d'étoffe, crochets, aiguilles, etc. On trouve un bon paquet de laine bleue et blanche ; seulement, Marie veut en faire un tapis pour sa petite table et ne se résigne pas à le sacrifier. Voici encore un

assez bon coupon de cotonnade grise ; mais
Hélène le garde pour une robe à sa grande
poupée. Tout le reste est en bribes et dépa-
reillé. Faut-il donc renoncer aux jupons, aux
bas, aux fichus ?

« Comme Louis va se moquer de nous ! dit
Hélène. Ma foi ! tant pis pour nous et tant pis

« Qu'est-ce que tu as, Georget ? »

aussi pour les pauvres ! On peut bien se réser-
ver quelque chose. Et puis, d'ailleurs, on n'a
pas le temps. »

En fin de compte, les fillettes décident
qu'elles confectionneront une paire de man-
chettes et un cache-nez, et en effet c'est
tout ce qu'elles apportent à la réunion
le soir du 31 décembre. Encore les man-
chettes paraissent étriquées et le cache-nez,

fabriqué avec des laines de différentes couleurs, rappelle, par son bariolage, l'habit d'Arlequin.

Marie et Hélène ne se montrent pas très fières de leur ouvrage, et certes il n'y a pas de quoi.

Mais où sont donc les fagots de Louis, ces fameux fagots qui doivent réchauffer tant de malheureux ? Hélas! ils sont encore dans la forêt. Soit qu'il n'ait pas osé aller au bois tout seul, soit que sa mère le lui ait défendu, Louis n'a pas la plus petite branchette à offrir aux pauvres. Aussi arrive-t-il au rendez-vous l'oreille basse et l'air embarrassé ; il ne songe guère à railler ses sœurs, et, de leur côté, celles-ci ne se sentent pas le droit de lui adresser des reproches.

C'est égal, on s'était promis de plus brillants résultats. Pour cacher leur déception, les trois enfants entourent leur petit frère qui entre à son tour en trottinant.

« Qu'est-ce que tu as, Georget ?

— J'ai ça, répond l'enfant, et il montre huit pralines dans une jolie boîte ; puis il tire d'une armoire son gros mouton de peau : Maman me donne deux bonbons tous les jours ; je les ai conservés pour les pauvres. Et voilà encore mon mouton, pour qu'ils le fassent cuire et qu'ils mangent une bonne soupe. »

Lequel, à votre avis, a été le plus cha-
ritable ?

Il ne suffit pas d'avoir de bonnes intentions, il faut encore les mettre à exécution.

Exercice écrit. — **1.** Nommez les héros de l'histoire
que vous venez de lire. — **2.** Quelles bonnes intentions se
communiquent-ils quelques jours avant le premier janvier ? — **3.** Dans quelles dispositions se séparent-ils ? —
4. Pourquoi Marie et Hélène ne confectionnent-elles rien
de présentable ? — **5.** Pourquoi Louis ne se moque-t-il
pas de ses sœurs, comme celles-ci le craignaient ? —
6. Que pensez-vous du petit Georges ?

La dînette.

Avec la permission de leur mère, Laure et
son frère Adrien ont invité leurs amis à faire
la dînette ; ils sont là trois garçons et trois
filles réunis autour d'une petite table, avec de
petites assiettes, de petits couverts, des
verres minuscules, pleins d'entrain et d'appétit. Chaque fillette a préparé son plat, aidée
d'un garçonnet pour marmiton : Laure, du
chocolat au lait en guise de potage ; Paulette,
une marmelade de pommes comme plat de
résistance ; Jeanne, du caramel pour le dessert.
Le chocolat au lait a été trouvé excellent :

tout le monde en a redemandé ; et même
Léon, qui est un peu gourmand, en a repris
trois fois.

« Tiens ! fait tout à coup Adrien, nous
n'avons rien à boire, maman a oublié de nous
donner du vin.

— C'est vrai, répond Laure ; nous ne boirons pas, ou nous boirons de l'eau, voilà
tout.

— On ne peut pourtant pas manger à sec,
reprend Adrien, ni offrir de l'eau à ses invités.
Il y a une bouteille entamée dans le buffet,
je cours la chercher.

— Y penses-tu ? riposte Laure vivement ;
maman ne nous l'a pas donnée ; ce serait
voler !

— Voler ? Mais ce qui est à maman est
à nous. »

Paulette intervient alors : « Certainement !
il a raison ; si votre mère était là, elle vous
donnerait à boire, n'est-ce pas vrai ? Elle n'y
est pas, vous vous servez vous-mêmes : c'est
tout simple.

— Alors si, en l'absence de ta maman,
il te manquait deux sous pour acheter une
corde ou une balle, tu les prendrais dans son
porte-monnaie ?

— Non pas ; mais de l'argent ou du vin,
ce n'est pas la même chose.

— Eh bien ! moi, je ne vois pas la différence, et je trouve que c'est mal de prendre quoi que ce soit sans permission.

— Moi aussi, déclare très sérieusement Félix.

— Et moi, je me moque de votre morale, s'écrie Adrien, irrité de n'avoir pas raison, et puisque Paulette est de mon avis, je vais chercher le vin pour nous deux. »

Il reparaît bientôt avec la bouteille, mais on dirait qu'il n'est pas très fier de son exploit;

On forma la file indienne, Adrien en tête.

il la dépose avec embarras sur la table; Paulette, de son côté, ne se presse pas de tendre son verre, et ne sait quelle contenance garder. Laure semble contrariée; les autres se taisent; on ne rit plus, on n'est plus en train comme tout à l'heure, on ne trouve plus rien à dire.

Heureusement Adrien est aussi prompt à réparer ses sottises qu'à les commettre. « Voilà, déclare-t-il au bout de quelques instants, une bouteille qui nous porte malheur; depuis qu'elle est là, je ne m'amuse plus.

« — Ni moi, ajoute Paulette : c'est la fiole enchantée! il ne faut pas la déboucher.

— Si on la reportait? dit Jeanne.

— Adopté! bravo! Reportons-la tous en chœur! »

On forma la file indienne, Adrien en tête, et aux sons d'une marche solennelle, on alla réintégrer la bouteille dans le buffet. Puis on vint se rasseoir pleinement content; et avec une carafe de belle eau claire pour remplacer le vin absent, on acheva la dînette de bon cœur.

Soyons délicats et honnêtes dans les plus petites choses si nous voulons l'être dans les grandes.

Exercice écrit. — **1.** Nommez et dépeignez en deux mots les héros de cette histoire. — **2.** A quoi s'amusent-ils ? — **3.** De quels plats se compose leur dînette ? — **4.** Qu'est-ce qui amène entre eux une discussion ? — **5.** Que disent tour à tour les enfants ? — **6.** Lesquels ont raison et pourquoi ? — **7.** Quel effet produit sur eux la bouteille qu'Adrien est allé chercher ? — **8.** Comment retrouvent-ils leur gaieté ? — **9.** Qu'est-ce que la délicatesse ? Jusqu'à quel point faut-il être délicat ?

Fameuse composition !

« Si tu es premier en orthographe, Roger, tu auras une boîte de couleurs.

— Bien vrai, papa ? Une grande, avec beaucoup de couleurs et de pinceaux ?

— Une grande, oui, mon petit homme.

— Quel bonheur ! Cette après-midi, au lieu de m'amuser, je vais repasser ma grammaire. Pourvu que la dictée de demain ne soit pas bourrée de participes ! Plus je les étudie, plus je m'y embrouille. »

Le lendemain, la classe du matin débuta par la fameuse composition. Le maître dicta le titre : « Le Chêne et le Roseau »; puis il lut le morceau tout entier. Roger l'écoutait de son mieux, quand un léger mouvement de son voisin de droite attira son attention. Il l'observa à la dérobée et s'aperçut que le peu scrupuleux Fernand ouvrait à la bonne page un recueil des Fables de La Fontaine et se préparait le plus simplement du monde à copier sa composition.

Roger est indigné de ce manque d'honnêteté ; il va dénoncer le tricheur ; mais soudain il songe à la boîte promise. Il a d'excellents yeux ; il peut suivre, lui aussi, sur le livre de Fernand ; il sera même placé avant celui-ci ;

car Fernand a écrit étourdiment dans son titre : le Chêne *est* le Roseau, et ne s'apercevra probablement pas de son erreur. C'est décidé, il ne dira rien ; il profitera de la tromperie de son voisin, et il aura la boîte de couleurs.

La dictée finie, après s'être assuré qu'il n'y a laissé aucune faute, Roger se frotte les mains, enchanté de lui-même ; il la tient maintenant, sa récompense.

« La récompense d'un mensonge et d'un vol alors ! lui murmure soudain à l'oreille une voix qu'il est forcé d'écouter ; car c'est mentir à son maître et voler ses camarades que d'être le premier de cette façon-là. »

Il se sent mal à l'aise. Il essaye d'imposer silence à sa conscience en se disant que Fernand est encore plus trompeur et plus voleur, puisque c'est lui qui a eu l'idée d'ouvrir le livre ; mais la voix insiste. « La mauvaise action de ton voisin n'excuse pas la tienne ; avoue-la donc et répare-la pendant qu'il en est temps encore ; tout à l'heure il sera trop tard. Penses-tu qu'une boîte de couleurs ainsi gagnée te procure aucun plaisir ? »

Roger cède enfin à cette voix impérieuse : « Monsieur, dit-il au maître en remettant sa dictée, je n'ai pas fait de fautes, mais c'est parce que j'ai regardé sur le livre. »

En entendant ces paroles, Fernand se

trouble, rougit et d'un mouvement maladroit jette à terre son fablier qu'il veut cacher.

« C'est sans doute le livre de votre voisin qui était ouvert? » Comme Roger ne répondait ni oui, ni non : « Vous avez eu grand tort, continua le maître; mais je ne vous punirai pas, puisque vous regrettez d'avoir mal agi; je me bornerai à ne pas corriger ni classer votre composition. Quant à Fernand qui fraude de parti pris et sans remords, il sera mis en retenue

Quant à Fernand, il sera mis en retenue ce soir.

ce soir, et j'informerai ses parents de sa conduite. »

A onze heures Roger arriva chez lui tout radieux. « Tu es donc le premier? lui demanda son père. — Non, mais c'est que je n'ai pas voulu tricher. » Et fier de son courage, il raconta la scène du matin. « Je tâcherai de gagner ma boîte de couleurs la semaine prochaine, dit-il en forme de conclusion. »

« Tu l'auras aujourd'hui, petit homme; je suis plus heureux de savoir mon fils honnête et brave que je ne le serais d'apprendre son succès, même s'il l'avait mérité. »

Obéis à ta conscience, autrement dit, fais ce que dois, car la conscience est le guide infaillible et sûr qui ne te laissera pas t'égarer du droit chemin; c'est la voix divine qui t'enseignera le devoir et la vertu.

Exercice écrit. — **1.** Que promet-on à Roger s'il est premier en orthographe ? — **2.** Quelle dictée le maître a-t-il choisie ? — **3.** Comment Roger est-il distrait pendant la lecture de la dictée ? — **4.** Que pense-t-il d'abord ? quelle décision prend-il ensuite ? — **5.** Qu'arrive-t-il à Roger quand il a fini sa dictée sans une faute ? — **6.** Comment la fraude de Fernand est-elle découverte ? — **7.** Pourquoi celui-ci a-t-il été puni plus sévèrement que Roger ? — **8.** Quels sentiments éprouva Roger après ses aveux ? — **9.** Comment son père apprécia-t-il sa conduite ?

Le chant des eaux.

« Tu es créée pour moi, dit le grand glacier à la neige éternelle de la montagne. Tandis que je me laisse glisser insensiblement dans les régions tièdes afin de donner en fondant de l'eau à la vallée, tes masses se renouvellent et s'accumulent sans cesse pour réparer mes pertes. Tu assures ma durée sans fin. Par toi je règne immuablement sur les sommets des monts.

— Mais toi-même, tu t'abaisses pour moi, ô grand glacier! gronde avec fracas le torrent en se précipitant du haut des rochers vers la plaine. Tu travailles à me rendre beau et terrible. Tu me donnes des eaux vives et bruyantes, que l'été ne saurait tarir, ni l'hiver entraver de ses glaces. L'homme me redoute, les plantes s'inclinent sur mon passage; les oiseaux seuls osent s'approcher de moi. Je suis le roi de la montagne!

— O roi d'un jour! murmure doucement le lac tranquille, tu te perds dans mes masses profondes avec ton bruit, ton orgueil et ton nom. Tu n'as roulé, torrent impétueux, que pour remplir mes vastes cavernes et pour me rendre l'eau que j'ai laissée à mes bords et aux vents. Ta tâche remplie, tu as disparu sans retour; et moi, dans le miroir immense et immobile de mes ondes, je vois depuis des siècles se refléter les forêts de mes rives et les astres du ciel. A moi le calme, la durée, la vraie puissance!

— Silence à mes sujets, dit à son tour le fleuve majestueux en poussant ses flots vers la mer. Glaciers, torrents et lacs, votre destinée est de servir ma grandeur. Vous accumulez les eaux que je promène dans mon cours infini, ruinant ou enrichissant à mon gré les prairies, les cultures et les villes. Car nul obstacle ne m'arrête, nulle digue ne me résiste et je ne connais point de maître !

— Pauvre filet d'eau, qui te crois puissant ! mugit la mer en frappant violemment ses rivages, qu'es-tu dans l'immensité de mes abîmes ? Tu t'y engloutis sans qu'aucun être

Dieu seul est grand !

puisse savoir si tu as existé. A moi la force que rien ne dompte, l'espace sans fin, la majesté, l'éternité ! Je suis là reine du monde !

— Orgueilleuse ! réplique le soleil, oublies-tu que je puis, quand il me plaît, transformer en vapeurs légères tes lourdes vagues ? Soumise à mes lois, tu absorbes sans cesse les eaux courantes et tu ne saurais t'enrichir. Que viens-tu me disputer l'empire souverain ?

— Et cependant, ô roi ! ajoute le nuage, mon léger voile gris que tu soulèves des flots peut t'envelopper et te faire disparaître. C'est moi qui change la face de la terre, qui la rends tour à tour triste et morne, ou éclatante de lumière et de splendeur. A moi le rang suprême!

— Dieu seul est grand! chante en courant le vent qui passe. Vous qui parlez de puissance, vous n'avez rien vu et ne connaissez que vous. Moi, qui voyage sans cesse, je sais et votre origine et votre destinée. Vous tous, glacier, torrent, lac, fleuve, mer, soleil, nuage, vous êtes, comme moi-même, les simples serviteurs de la Providence, qui seule conserve au monde sa vie et sa beauté. »

O toi, dont le temple est l'immensité, dont les autels sont la terre, les mers et le firmament, qu'un chœur de tous les êtres fasse entendre les louanges et que de toute la nature l'encens s'élève vers toi!

(Pope.)

Exercice écrit. — **1.** Pourquoi la neige ne fond-elle pas sur les montagnes très élevées? — **2.** Qu'est-ce qu'un glacier, un torrent, un lac, un fleuve? — **3.** En quoi les fleuves, les rivières, les cours d'eau en général sont-ils utiles à l'homme? — **4.** Comment le soleil peut-il dire que la mer est soumise à ses lois? — **5.** Qu'est-ce que le vent? — **6.** Quels sentiments devons-nous éprouver pour Dieu, créateur et conservateur du monde?

TABLE DES MATIÈRES

FIN DE LA TABLE DES MATIÈRES.

Paris. — Imp. E. Capiomont et Cie, rue des Poitevins, 6.

www.ingramcontent.com/pod-product-compliance
Ingram Content Group UK Ltd.
Pitfield, Milton Keynes, MK11 3LW, UK
UKHW021518090726
13657UKWH00001B/323